일본 사회의 서벌턴 연구 4

전쟁·재해·식민지주의와 서벌턴

한국외국어대학교 일본연구소
일본사회의 서벌턴 연구 총서

일본 사회의 서벌턴 연구 4

전쟁·재해·식민지주의와 서벌턴

고미네 가즈아키·스즈키 아키라·김미진·이시하라 마이
서재곤·박상도·가게모토 쓰요시

제이앤씨
Publishing Company

머리말

　'동아시아의 호모커뮤니쿠스' 문화를 선도하는 한국외국어대학교 일본연구소는 1990년 정식 발족하여 일본의 언어, 문학, 문화, 역사, 정치, 경제 등 인문·사회과학에 관한 종합적인 연구를 통하여 한국에서의 일본 연구뿐만 아니라, 학술지 간행, 학술대회 개최, 다양한 공동 연구 수행을 통해 동아시아 지역 상호 간에 지속 가능한 소통과 상생을 위한 다양한 학술·연구 활동을 전개해 오고 있다. 본 연구총서 <일본 사회의 서벌턴 연구4－전쟁·재해·식민지주의와 서벌턴>은 본 연구소가 2019년 <일본 사회의 서벌턴 연구: 동아시아의 소통과 상생>이라는 주제로 한국연구재단의 인문사회연구소지원사업(1단계 3년, 2단계 3년 총 6년)에 선정되어 진행하고 있는 공동연구의 결과물을 엮은 것이다.

　본 연구팀에서는 연구과제에 참여한 연구진의 연차별 연구성과 및 연구소 주최 학술대회와 콜로키엄에 참가한 외부 연구자와의 교류 성과를 모은 연구총서를 1년에 1권씩 6년간 총 6권을 간행하여 연차별 연구주제에 관한 연구성과물을 유기적으로 엮어냄으로써 본 연구과제의 목적과 성과를 명확히 하고, 이를 외부로 발신하여 제 학문 분야에서 활용할 수 있는 기초적 자료를 제공하고자 한다. <일본 사회의 서벌턴 연구4－전쟁·재해·식민지주의와 서벌턴>

은 본 연구소 주최 국제학술대회에 참가하시어 연구주제를 발표해 주신 일본의 저명한 연구자 네 분의 연구논문과 두 분의 공동연구원, 한 분의 객원연구원의 연구성과물을 엮은 그 네 번째 결과물이다.

　본서 수록 논문을 간략하게 소개하면 다음과 같다.

　고미네 가즈아키(小峯和明)의 <일본 고전에서 보이는 차별―『금석이야기집(今昔物語集)』이라는 창문을 통해>는 12세기 전반에 형성된 『금석이야기집』의 설화를 중심으로 근대 이전의 차별의 문제를 고찰한 것이다. 신분이나 계층을 가리지 않고 다양한 인간군상이 등장하는 '설화'라는 영역은 근대 이전의 차별 문제를 생각하는 데에 있어서 귀중한 재료이다. 역사학에서도 사료로 자주 이용하지만 역사의 실체로만 환원되는 것은 아니다. '설화'는 현실에 맞닿아 있으면서도 상상력이나 공상력, 가공된 언어에 의한 표현공간으로써 그 자체로 하나의 세계이며 종교나 사상과도 깊은 관련을 맺는다. 이에 고미네는 '히닌'이라며 경멸의 대상이 된 '기요미즈 고개에 사는 사람', 도시의 정화를 담당한 게비이시 청의 말단인 '방면', 사원사회의 하층에 자리 잡은 '대동자' 등과 같이 지금까지 애매했거나 잘못 해석하던 것들을 조금이나마 바로잡고자 했다.

　스즈키 아키라(鈴木彰)의 <「테루마・가쿠세이」 소고―분로쿠(文禄)・게이초(慶長) 전란 포로와 관련된 어휘의 구분에 대해서>는 임진왜란・정유재란 당시 일본으로 끌려간 조선인 포로 '테루마' '가쿠세이'의 존재에 주목하여, 여러 용례의 검토를 통해 그 개념을 재검토하고, 이것이 10세 전후부터 14, 5세 정도의 연령층을 중심으로 한 조선 남자와 여자를 의미하는 말임을 밝혔다. 또 이러한 말들이 이 전쟁에서 일본 측 사람들이 공유한 용어, 말하자면 전장(戰場) 용어로 볼 수 있다는 점, 따라서 그 후에 사용할 기회가 없어졌기 때문에 사회에서 잊혀졌을 것이라는 점, 훗날 조선어에 관심이 높아졌을 때는 '테루마'는 거의 사용하지 않은 반면 '가쿠세이'는 의미가 변하면서 재부상했다는 점에 대해서 현존하는 자료를 통해 알 수 있는 것들을 바탕으로 고찰하고 있다.

김미진의 <일본 근세시대 재해 문예와 재해 피해자-『무사시아부미(むさしあぶみ)』를 중심으로>는 아사이 료이(浅井了意)의 『무사시아부미』에 그려져 있는 메이레키(明暦) 대화재의 참상과 재해 피해자의 사례 분석을 통해 당시 문학 작품이 사회적 약자의 모습에 주목하고 있음을 지적하고 있다. 근세에는 출판문화의 발전에 따라 화재 발생 일시, 발화 지점, 피해 규모 등을 세밀하게 기록한 문학 작품이 등장했다. 이러한 문학 작품이 근세 재해 상황하에 놓여 있어 수면 위로 떠오르지 않는 피차별민의 피해 상황을 담고 있음에 주목했다.

이시하라 마이(石原真衣)의 일본의 「덤불 속」-선주민 페미니즘의 발아와 일본 식민지주의 그리고 그 망각>은 아이누라는 홋카이도 선주민 페미니스트인 필자 자신에게 일본 사회가 어떻게 보이고-혹은 보이지 않은 채- 존재하는지에 대해서 이야기하고자 하는 자기 고백이다. 이시하라는 그 방법으로 기존 연구나 언설, 언어나 이미지 등과 같이 선행하는 것 위에 그 시점을 위치시키는 대신에 따로따로 존재하는 장소나 언설, 시점을 일단 있는 그대로 제시하고,

7

그 교차점의 틈새로 보이는 덤불 속에 있는 하나를 가시화하고자 했다. 이를 통해 당사자와 비당사자 쌍방이 역사적·사회적 병리에 관한 사유를 통해서 망각한 기억을 소환하고, 그 책임을 개인화하는 것이 아니라 짊어질 수 있는 책임의 크기를 가리면서 사회와 국가 전체의 기억이나 책임을 떠맡는 길을 선주민 페미니즘에서 찾고자 했다.

서재곤의 <기하라 고이치(木原孝一) 시에 나타난 <집단 죽음(集団死)> 연구－서벌턴적 관점을 중심으로>는 기하라가 내적·외적 전쟁 체험(경험)을 작품화하는 과정에 주목함으로써 그의 시에 나타난 전쟁 희생자의 <집단 죽음>을 고찰하고자 한 것이다. 서재곤은 전쟁 수행의 주체는 군인이며 민간인, 그리고 같은 군인이지만 일반병사는 주변적 존재이기에 전쟁 상황에서의 서벌턴이라 보고, 이들의 <집단 죽음>을 작품화한 것이야말로 기하라만의 독창적 시 세계라 결론짓고 있다.

박상도의 <일본 프롤레타리아 시의 서벌턴 연구－「살아있는 총가」,「간도빨치산의 노래」를 중심으로>는 서벌턴적 관점에 입각하여 마키무라 코의 작품 속 혁명정신의 구체성에 접근해보고자 한 것이다. 마키무라는 한 번도 서벌턴의 입장에 서 본적이 없는 제국 일본의 지식인이었다. 비록 일본 근현대 시사에서 프롤레타리아 문학이 가장 융성했던 시기로 알려진 1920년대에서 30년대 초반의 시대적 상황과 겹친다고 하더라도, 서벌턴의 목소리를 대변하고자 애를 쓴 그의 혁명정신과 예술적 정신에 대한 이해는 일반적 견해를 뛰어넘는 측면이 존재한다. 박상도는 이러한 그의 혁명정신이 가장 잘 반영되었다고 여겨지는 두 작품 「살아있는 총가」「간도빨치산의 노래」를 통해, 특히 서벌턴의 주체의식 형성의 변형의 과정에 주목한다. 아울러 당시 "사회의 거대한 타자의 관점"에 의해서 희석되고 왜곡되어 간 '서벌턴의 언어'를 그가 어떤 식으로 소생시키고자 했는지 또한 분석고찰의 대상으로 삼고 있다.

가게모토 쓰요시(影本剛)의 <조선인과 대면한 전후 민주주의 지식인－오사와 신이치로(大澤真一郎)의 삶과 사상>는 오사와 신이치로의 삶과 사상을 논의함으로써 일본인 지식인이 일본 사회의 소수자 속에서 특히 재일조선인과 어떻게 대면해 나갔는지를 그려내고자 했다. 그런 점에서 본고는 필자의 말을 빌리자면 교토 세이카 대학에서 교육자로서의 오사와의 반생을 잘 부각하지는 못했다는 결함을 안고 있다. 그럼에도 불구하고 오사와가 김희로 재판을 통해 '문화'를 물었다는 것, 그리고 '재일조선인 문제'라고 불리지만 실은 '일본 문제'라고 계속 논의해왔다는 것은 우리가 오사와의 사상에 주목할 만한 충분한 이우가 되며 여전히 우리가 배워야 할 사상일 것이다.

이상 7편의 연구를 살펴보았는데, 서벌턴은 시대와 지역을 막론하고 사회체제의 최하층과 말단 주변부에 존재해왔으며 지금도 존재하고 있다. 또한 한일 양국의 서벌턴 문제는 역사적 사건을 공유하며 정치·경제적으로 복잡한 관계망 속에 초국가적으로 얽혀있음을 간과해서는 안 될 것이다. 이에 한일의 역사적, 문화적 특수 관계 속에서 핵심 관련자인 일본의 서벌턴 문제에 천착하여 창출한 연구성과를 엮은 본서는 궁극적으로 한국 사회의 서벌턴 문제를 이해하고 해결할 수 있는 단서를 제공할 수 있을 것으로 기대한다.

　마지막으로 연구자 여러분과 이 책이 세상에 나올 수 있도록 출판을 허락해주시고 이렇게 멋진 책으로 만들어주신 제이앤씨의 윤석현 대표님, 실제로 실무 작업을 맡아주신 최인노 과장님께 감사의 마음을 전한다.

2022년 6월

연구진을 대신하여

문명재

차례

제1장

일본 고전에서 보이는 차별
『금석이야기집(今昔物語集)』이라는 창문을 통해

고미네 가즈아키(小峯和明)

1. 머리말 – 차별과 고전 읽기

인류사에 남을 이번 코로나 사태로 인해 차별을 둘러싼 다양한 문제가 한꺼번에 쏟아져 나온 것에서 알 수 있듯이 사회에 위기의식이나 긴장이 팽배하면 차별이라는 문제는 반드시 심각하게 드러난다. 이 사실은 근대 이전에 만들어진 고전문학에도 깊이 관여한다. 고전연구는 언어표현이라는 차원에서 차별의 양상을 파악하는, 과거로부터의 배움이다. 이를 미래에 활용하기 위해서는 성과를 다른 분야로 환원하여 서로 공유할 수 있는 학문 환경을 만들어갈 필요가 있다. 스스로가 경계하고자 하는 의미를 담아 이야기하자면, 시대나 사회에 담겨있는 차별 문제에 대한 충분한 인식 없이는 고전의 본문을 정확히 읽어 낼 수 없으며, 연구자는 그 성과를 다른 분야에 계속 제시할 책무가 있을 것이다. 1980년대를 전후하여 역사학에서 사회사 연구가 두각을 드러내어 일본 중세 시대는 차별의 양상이 꽤 명확히 드러나게 되었다. 하지만, 문학 연구에서는 그 성과가 충분히 흡수되지 못한 측면이 있다.

특히 신분이나 계층을 가리지 않고 다양한 인간군상이 등장하는 '설화'라는 영역은 근대 이전의 차별 문제를 생각하는 데에 있어서 귀중한 재료이다. 역사학에서도 사료로 자주 이용하지만 역사의 실체로만 환원되는 것은 아니다. '설화'는 현실에 맞닿아 있으면서도 상상력이나 공상력, 가공된 언어에 의한 표현공간으로써 그 자체로 하나의 세계이며 종교나 사상과도 깊은 관련을 맺는다. 그렇기 때문에 문자언어뿐만 아니라 구두전승, 예능, 연극, 회화, 조형 등등도 겹쳐서 종합적으로 검증할 필요가 있다.

차별은 자기와 타자, 또는 자기를 둘러싼 집단이나 공동체와 외부처럼 언제나 안과 밖을 분절하지 않으면 안 되는 인간의 본성과 관계한다. 스스로의 주체성이나 아이덴티티에 뿌리를 두고 있기 때문에 시대나 사회와는 무관하게 언제나 심각한 문제로 여겨진다. 차별의 실체는 민족·인종·지역·신분·계층·기술·성별·출신·혈통·신체·질병·지능·성격·기질·언어(방언) 등등과 같이 개개인의 개성만이 아니라 공동체나 국가에 이르는 역사성·사회성·지역성과 같이 인간 존재의 모든 면을 아우르기 때문에 그 전체의 상(像)을 파악하는 것은 쉽지 않다.

여기에서는 12세기 전반에 형성되어 천 편이 넘는 설화를 집대성하면서도 미완으로 끝난『금석이야기집』의 설화를 중심으로 검토하고자 한다.

2. '기요미즈 고개(淸水坂)'를 둘러싸고
   ―『금석이야기집』의 본문 해석에서

우선은 나 스스로가 잘못 읽은 경험부터 살펴보기로 한다. 이 기회를 통해 오류를 정정하고자 한다.

본조 불법부의 권20 제35화「히에잔(比叡山)의 승려 신카이(心懷)가 질투로 인해 현보(現報)를 초래한 이야기」. 히에잔 엔랴쿠지(延曆寺)라는 절의 승려인 신카이는 미노(美濃) 지방으로 가서 그 지방 수령의 측근이 되었다. 수령의 권위를 등에 업고 금전의 부족함도 없이 화려한 생활을 하던 신카이의 앞에 새로운 인물인 가이코쿠(懷国)가 나타난다. 가이코쿠는 같은 히에잔에서 왔지만 신카이의 일행은 아니다. 이 가이코쿠가 역병 퇴치를 위한 인왕반야경(仁王般若經)을 독송하는 법회의 강사가 된 것을 시기하여 신카이는 다른 법사들과 함께 칼을 들고 난입하여 법회 중에 횡포를 부렸다. 그 응보로 교토(京都)로 돌아가서 빈곤한 생활을 하다가 '백라(白癩)'라는 병에 걸려서 가족에게서도 버림받고 비참한 최후를 맞는다는 내용으로 인과응보 중에서도 악보(惡報)의 이야기이다. 원문의 마지막 부분을 인용하면 다음과 같다.

그러던 중 **백라**라는 병을 얻어 부모와 인연이 있었던 유모까지도 **부정 탈까**하여 곁에 오지 않았다. 그렇기에 갈 곳이 없어서 **기요미즈 고개 밑의 암자**에 가서 살았다. 거기에 있는 **병신**들 속에서도 미움을 받아서 삼 개월 있다가 죽었다.

이는 다름이 아니라 엄숙한 법회를 방해해서 비천한 몸으로 고귀한 승려를 질투한 것으로 인해 현보를 부른 것이다[1].

이 이야기는 '백라'(창병), '부정 탈까', '병신'이라고 하는 차별에 관련된 말들이 밀집되어서 피차별의 문제에 관한 중요한 재료가 된다. 출전은 불명이며 신카이의 경력 역시 알 수 없지만, 이야기 속에 '고이치조인(後一条院)'이라는 이름이 나오는 것에서 미뤄보면 11세기 전반의 이야기라고 특정 지을 수 있다. 『금석이야기집』의 모든 이야기는 선행하는 출전이나 자료에 기반을 둔 독자적인 번역이기 때문에 이 이야기는 『금석이야기집』이 형성된 시점보다 한 세대 앞 세계의 모습을 전하고 있다고 볼 수 있다.

'백라'는 소위 말하는 한센병의 한 종류를 가리키는 옛말로 신체의 일부 혹은 여러 부분의 피부가 하얗게 얼룩지는 병으로, 일본어로는 '시라하다(しらはだ)'라고도 한다. 『법화경』을 필두로 여러 경문에서도 많이 나타나는데 『일본서기(日本書紀)』의 스이코천황(推古天皇) 20년 기록에는 백제에서 온 미치노코타쿠미(路子工)라는 인물이 '백라'로 인해 추방될 위기에 처하지만 정원 조경의 기술 덕에 등용된

---

1 小峯和明校注(1994) 新日本古典文学大系『今昔物語集 四』, 岩波書店, p.293.

이야기가 가장 오래된 예이다.

또 '병신'에 관해서는 『금석이야기집』의 천축(인도)의 이야기들 중에는 코가 없는 구백구십구 마리의 원숭이가 코 있는 한 마리의 원숭이를 차별하는 이야기가 있다. 이는 부처가 차별행위를 이유로 코가 없는 원숭이의 공양을 거부함으로써 원숭이들이 자신의 잘못을 깨닫게 된다는 「코 없는 원숭이」라는 이야기이다. 신체의 장애는 상대적인 것으로 차별이 무의미하다는 것을 드러낸다(권5 제 23화).

부정(不淨)함을 뜻하는 '예(穢)'에 관해서는 분뇨(糞尿)·악창혈농 등의 신체 부정, 출신·혈통, 애욕에 사로잡힌 마음 등의 용례를 확인할 수 있지만, 여기에서는 이후에 죽음의 부정(不淨)을 의미하는 '사예(死穢)'를 중심으로 확인하고자 한다.

최초에 언급한 신카이의 설화에서 우선 문제가 되는 것은 '기요미즈 언덕 밑의 암자'라는 곳이다. 내가 담당한 이와나미 서점(岩波書店)의 신일본고전문학대계(新日本古典文学大系)는 구 버전의 고전대계를 답습하는 성격이 있기에 그를 따라서 본문은 '기요미즈·사카모토(清水·坂本)'와 같이 중간이 중점을 넣어서 '기요미즈'와 '사카모토'를 병기하는 방식을 택하고 말았다. 이 선택이 오류의 근원이었다. 필연적으로 권말(卷末)에서 지명·사찰과 신사의 명칭을 정리한 색인에서는 '기요미즈'와 '사카모토'를 별개의 항목으로 들 수밖에 없었다. 그 결과 색인의 설명에서는 기요미즈데라(清水寺)라는 사찰의 설명이 주가 되었고, 사카모토(坂本) 또한 니시자카(西坂)라는 일반적인 설명에 그쳤다. 이 정리는 이후에 출간된 일본고전문학

전집(日本古典文学全集)도 동일한데, 신편일본고전문학전집(新編日本古典文学全集)에서도 주석에 '기요미즈데라와 니시자카모토(西坂下, 교토시 사쿄구 슈가쿠인의 부근) 지역'(p.127)이라고 있을 뿐이다.

'사카모토'라는 교토 주변의 지명은 히에잔의 기슭을 가리키는데, 이 지명은 교토 쪽과 현재의 사가현(佐賀県)에 해당하는 오미(近江) 쪽 양측에 있다. '서쪽 고개'와 '동쪽 고개'로 구분하지만, 본문에 '거기에 있는 **병신**들 중에서도'라고 있는 것처럼 이 곳은 명확히 복수의 사람들이 모인 집단이 전제가 되는 장소이다. 어느 쪽의 '사카모토'라도 '백라'를 앓는 병자들이나 '병신'이 모인 사례를 찾을 수 없다. 그리고 '갈 곳이 없'는 사람이 기요미즈와 사카모토라는 지역만을 왕래한다는 것 또한 생각하기 어려울 것이다.

결론을 먼저 이야기하자면 여기는 '기요미즈・사카모토의 암자'라는 표현은 지역 명칭의 병렬이 아니라 '기요미즈 고개 밑의 암자'나 '기요미즈 고개의 아래에 있는 암자'로 읽어야 한다. 일본어에서 고개 밑이라는 의미를 갖는 사카모토(坂本)에서는 '근본 본(本)'이라는 한자가 '아래 하(下)'라는 의미로 읽혀야 하는 것이다. '기요미즈의 사카모토'는 달리 말하면 '기요미즈 고개 밑'나 '기요미즈 고개의 아래'로 봐야 할 것이다. 적어도 히에잔이라는 산의 기슭을 가리키는 '사카모토'라는 설은 취소하고 '기요미즈 고개'로 한정하지 않으면 이 이야기를 읽었다고 할 수 없는 것이다.

실제로도 유명한 후지와라 미치나가(藤原道長)가 산 시대를 전하는 후지와라 사네스케(藤原実資, 오노미야 사네스케(小野宮実資)라고도 한다)가 쓴 일기인 『쇼유키(小右記)』를 보면 초겐(長元) 4년(1031년) 3월 14일의 내용

중에 '參堂塔、衝黑中納言来、清水坂下之者、令施行塩令申'라는 부분이 있다. 주나곤(中納言)인 후지와라 스케히라(藤原資平)가 기요미즈 고개 밑에 있는 사람들에게 소금을 베풀었다는 내용으로 역사학에서는 이 기술을 '기요미즈 고개 밑'의 예로 지적하고 있다. 이를 통해『금석이야기집』의 이야기와 동일한 고이치조인의 시대에 '기요미즈 고개 밑'이라는 말이 사용되었다는 것을 확인할 수 있다.

또, 동일한『쇼유키』의 만주(万寿) 4년(1027년) 12월 4일 기사에 후지와라 미치나가가 위독해서 별납소(別納所)의 쌀을 히다인(悲田院)에 있는 병자(病者) 35인과 '로쿠하라미쓰(六波羅蜜) 고개 밑의 19인'에게 지급한 내용이 있고, 미치나가의 장례 때에는 '히다와 로쿠하라미쓰의 병자, 걸인 등'에게 쌀, 어류, 해초 등을 지급했다는 내용이 있다. 이 '로쿠하라미쓰 고개 밑'과 '기요미즈 고개 밑'이라는 것은 과연 다른 장소일까? '기요미즈 고개 밑'이 가리키는 영역이 꽤 넓어서 구체적으로 어디서 어디까지인지 애매하고, '로쿠하라미쓰지(六波羅蜜寺)'라는 이름의 절 등에서는 로쿠하라미쓰 지역이 처음부터 기요미즈 고개 밑에 포함된 듯 여겨지는데 '로쿠하라미쓰 고개 밑'은 '기요미즈 고개 밑'에 포함된 로쿠하라미쓰지 주변으로 특정 지은 호칭이 아니었을까? 덧붙이자면 '기요미즈 고개 밑'도 '로쿠하라미쓰 고개'도 본래 동일한 장소를 가리킨다고 보아도 문제가 없을 듯하다.

기요미즈 고개에 관해서 간략하게 개괄하자면,

로쿠도노쓰지(六道の辻)

교토 시가지의 고조도리(五条通り이며 현재의 마쓰하라도리(松原通り))에서 기요미즈데라에 이르는 길의 주변으로 중세에 '히닌(非人)'으로 불린 피차별자(창병(瘡病)에 걸린 사람, 유망민(流亡民), 걸인 등)가 집단으로 거주하였다. 자발적으로 기온 신사(祇園神社)에 소속되어 죽음과 관련된 부정을 정화하는 잡역인 기요메야쿠(清め役)를 담당하였으며 조리(長吏)라 불리는 천민이 통괄하였다. 일부는 점차 무장하게 되어 '이누지닌(犬神人)'이나 '고보시바라(小坊師原)'라 불렸다. 교토의 '슈쿠(宿)'라 불리는 숙소를 지배하였으며 13세기 중엽인 가마쿠라 시대(鎌倉時代)에는 나라 고개(奈良坂)에 사는 집단과 대규모 싸움을 일으켰다. 로쿠하라미쓰지, 사이후쿠지(西福寺), 로쿠도친코지(六道珍皇寺), 통칭 야사카의 탑(八坂塔)으로 불리는 호칸지(法観寺) 등과 같은 사원이 밀집하여 육도(六道)의 갈래 길이라는 의미의 '로쿠도노쓰지(六道の辻)'로 이름이 붙여진 지역이기도 하다. 기요미즈의 남쪽은 도리베노(鳥辺野・鳥部野)

라는 광대한 묘지가 있어서 다른 세계로 가는 통로였다.

또 야마시나(山科)를 지나서 도카이도(東海道)와 합류하는 지름길로써 교통의 요충지이기도 했기 때문에 구루마가시(車借)라고 하는 우마차를 이용한 운송업에 중점을 두는 '슈쿠'가 형성되었다. 남북조 시대(1336년~1392년)부터는 상업 활동도 이루어져서 무로마치 시대(室町時代)에는 교토 시가지나 교토의 서쪽 사가타니(嵯峨谷)와 함께 기요미즈 고개에는 고리대금업을 겸한 주조업자들이 모여 살았고, 근세에 들어서는 기요미즈데라 입구 앞의 유흥지가 번성하여 술과 향락을 제공하는 챠야(茶屋)와 토산품을 파는 찻집이 늘어섰었다. 현재는 기요미즈야키(清水焼)라는 도자기로 유명하다.

와 같다. '고개'라고 하면 현재는 기요미즈데라에 참배하러 가는 급한 언덕길이라는 이미지가 강하지만, '접경'과 통하는 경계의 의미로 파악하는 것이 바람직할 것이다.

『금석이야기집』의 다른 이야기에도 기요미즈의 고개가 나온다.

관세음보살의 영험에 관한 이야기인 권16 제34화 「연고 없는 승려가 기요미즈데라의 관음을 모시고는 걸인의 사위가 되어 의탁할 곳을 얻은 이야기」가 그것으로, 이 이야기는 연고 없는 승려가 기요미즈 고개에 사는 걸인의 사위가 된다는 내용이다.

기요미즈 아래쪽에 있는 매우 정갈하게 지은 작은 집이었다. (중략) 이 집은 걸인 두목의 집으로 여자는 그 딸이었다. (중략) 사위인 승려도 세상 사람들과 어울려 살 수 없었기 때문에 그 또한 걸인이 되

23

어 자유롭게 살았다.

는 부분이 있는데, 여기에서도 '기요미즈 아래쪽'이라는 표현이 있어서 최초의 이야기와 비슷하다는 것을 확인할 수 있다. 신일본고전대계의 각주에서 "기요미즈 고개 주변에는 천민 거주자가 많았으며 '고개에 사는 놈(坂の者)'이라고 불렸다. 이 집의 주인도 그들 중 한 명으로 걸식을 가업으로 하는 집단의 두령이었을 것이다."[2]라고 지적한 대로이다.

또는 기요미즈의 남쪽에 있는 아미다가미네(阿弥陀ヶ峰)라는 산 주변에 사는 도적 두령으로 보이는 인물의 집을 둘러싼 이야기도 있다.

교토에는 살지 않았다. **기요미즈의 남쪽에 해당하며 아미다가미네의 북쪽이 되는 곳에 있는 집**이었다. (중략) 고조(五条)와 가와하라(川原) 주변에서 뒤돌아보았더니 그 집이 있는 쪽에서 큰 불이 나타나 보이는 것이었다.(권29 제28화「기요미즈의 남쪽 주변에 사는 걸인이 여자를 이용하여 사람을 속여 죽인 이야기」)

그리고 동일한 관음보살의 영험에 관해서는,

옛날에는 기요미즈로 가는 고개도 모두 수풀로 사람 사는 집도 없

---

2 池上洵一校注(1993) 新日本古典文学大系『今昔物語集 3』, 岩波書店, p.561.

었는데, 조금 높아서 작은 산처럼 보이는 곳이 있었다. 거기에 조잡한 나무로 지붕을 엮은 작은 암자를 만들고 한 노파가 살았다. (권16 제9화 「여자가 기요미즈데라의 관음보살을 모시고 이익을 받은 이야기」)

라는 이야기도 기요미즈 고개 주변의 분위기를 전하고 있어서 참고가 된다. 주석에서는 이들 설화와의 관련성을 지적하지 않으면 안 되는 것이었다.

참고로 기요미즈 고개에 사는 걸인의 '두목'이란, 당시의 호칭을 사용하자면 '히닌(非人)인 조리(長吏)'일 것이다. 기요미즈 고개는 아니지만 '非人之長吏'라는 예는 「이가의 수령인 오노 미치쓰네의 승낙 서한(伊賀守小野守経請文)」의 덴기(天喜) 3년(1055년) 10월 9일 내용(『平安遺文』732号)에서 확인할 수 있다. 기요미즈 고개에 사는 사람은 어느 사이엔가 '고개에 사는 놈'으로 불리고 나아가서는 '히닌(非人)'으로 불리게 되었다. 인간을 인간이 아니라는 의미의 '히닌'으로 부르는 것은 차별의 극치를 달리지만, 이 '히닌'은 원래 불교 용어인 비인(非人)에서 유래한 말로 인간 이외의 것을 가리키는 '이류(異類)'에 가까운 호칭이다.

"그 때 사바세계, 보살, 성문, 천룡팔부, **사람과 사람이 아닌 비인**, 모두 그 용녀가 성불하는 것을 멀리서 보았다(爾時、娑婆닌界、菩薩、声聞、天龍八部、人与非人、皆遥見彼龍女成仏)."(『법화경』 권5 「제바달다품」)

"이 때 천룡, 야차, 건달바, 사람, 비인 등이 그 성에서 나왔다.(是

25

時、天龍、夜叉、乾闥婆、人、非人等、出於彼城)"(『불본행집경』권2)

등과 같이 불교 경전에서는 '사람'과 '비인'이 동시에 사용되는 예가 많다.

죄인의 의미로 처음 사용된 예는 조와의 변(承和の変)으로 인해 반역죄의 혐의를 받은 다치바나 하야나리(橘逸勢)로 여겨진다. 육국사(六国史)의 하나인 『속 일본후기(続日本後紀)』에는 조와(承和) 9년(842년) 7월 27일의 기사에 '죄인 다치바나 하야나리'가 본래의 성(姓)을 박탈당해 히닌의 성(非人姓)을 받고 이즈 지방(伊豆国)으로 유배되었다고 적혀있다. 뿐만 아니라 『금석이야기집』과 거의 동시대를 산 석학, 오에 마사후사(大江匡房)의 담화를 적은 『고단쇼(江談抄)』에는 화려한 옷으로 치장하고 가모 마쓰리(賀茂祭り)에 참석하는 '방면(放免)'에 관한 이야기가 있다. 이 '방면'에 대해 후지와라 나리노부(藤原斉信)가 '히닌이기 때문에 금기를 두려워하지 않는 것이다'고 비판하는데(1·8), 죄를 용서받는 대신에 교토 내의 위법 행위를 감찰하는 게비이시(検非違使)의 잡역을 담당한 '방면'이 '히닌'으로 취급받은 예로 알려져 있다(후술).

11세기에는 '히닌'이 이미 차별을 나타내는 말로 유통되고 있었다고 여겨진다. 기요미즈 고개의 사람을 '히닌'이라고 부른 예는 12세기에 들어서는 나카야마 다다치카(中山忠親)의 일기인 『산카이기(山槐記)』에서 살필 수 있다. 호겐(保元) 3년(1158년) 9월 7일 기사에는 돌아가신 어머니의 제삿날 법회에 관한 기록이 있는데, 거기에는 '講演中間、清水坂非人来乞施米、兼遣之由令仰、仍返了。違遣歟、

甚奇怪事也'라는 문장이 있다. '강연의 도중에 '기요미즈 고개의 히닌'이 구호미(救護米)를 요청하러 왔지만 앞서 보냈기 때문에 돌려보냈다. 받지 않았는가? 이상한 일이다.'는 의미의 문장이다. 『금석이야기집』의 설화도 '기요미즈 고개의 히닌'이라는 호칭이 전제가 된다고 봐도 좋을 것이다.

게다가 '고개에 사는 놈'은 중세 회화자료에서도 찾을 수 있다. 16세기 무로마치 시대의 족자 그림(掛幅図)인 「시미즈데라 참배 만다라(清水寺参詣曼荼羅)」와 야사카의 탑으로 유명한 「호칸지 참배 만다라(法観寺参詣曼荼羅)」를 대표적인 자료로 들 수 있다. 전자는 기요미즈데라본(清水寺本)과 나카지마케본(中嶋家本) 두 종류가 있다. 이미 시타사카 마모루(下坂守)의 자세한 연구가 있지만, 화면 좌측 구석에 있는 고조의 다리(五条橋)를 건너 나무로 만든 출입구를 지나면 바로 옆에 보이는 건물 쪽에 앉은 두 명이 '고개에 사는 놈'이다. 후자의 「호칸지 참배 만다라」에서는 교토 쪽에서 바라본 시점으로 서쪽에서 동쪽을 향하면서 전체를 부감하는 구도로 되어있어서 동서남북의 좌표축이 반전된다. 화면의 우측 아래 구석에 있는 고조의 다리 건너 서 있는 나무로 된 출입구 아래에는 앉아 구걸하는 인물이 그려져 있다. 다름 아닌 그림으로 표현된 '고개에 사는 놈'의 도상이다[3]. 시대가 중세 말기까지 내려가기 때문에 이것과 『금석이야기집』의 이야기를 직접 연결하는 것은 불가능하지만, '고개에 사는 놈'의 이미지가 오래도록 지속되어서 참배하러 온 사람들의 눈에는 일상

3　下坂守(2003)『描かれた日本の中世─絵図分析論』, 法蔵館.

호칸지 참배 만다라(法観寺参詣曼荼羅)·고조 다리(五条橋) 옆

적인 광경으로 도상화 되었다는 것을 보여준다.

이런 사례에 비춰보면 로쿠하라(六波羅) 지역에 거점을 둔 다이라 씨(平氏) 일족도 '고개에 사는 놈'을 통괄하는 위치와 의미를 갖는다는 사실도 명확해질 것이다[4].

가쿠이치본(覚一本)의『헤이케 이야기(平家物語)』권1「단발동자(禿髪)」라는 단락에 있는 내용을 번역해서 옮기면 다음과 같다.

---

4 高橋昌明(2011)『清盛以前　伊勢平氏の興隆』, 平凡社ライブラリー, (初版1984年).

다이라 기요모리(平淸盛)의 계략으로 열네다섯 살의 아이들 삼백 명을 모았다. 머리카락은 가부로(かぶろ) 모양이라 하여 어깨 높이에서 단발로 자르고, 겉옷은 붉은 히타타레(直垂)를 입혔다. 소집된 아이들은 교토를 가득 메웠고, 구석구석을 헤집고 다녔다. 다이라 일가(平家)를 욕하는 자가 있으면 이런저런 질문을 하고 정보는 동료들과 공유했다. 그리고는 그 사람의 집에 난입해서 재산과 도구를 빼앗고 당사자를 포박해서 로쿠하라(六波羅)로 연행했다.

흡사 근대에 있었던 특별고등경찰(特別高等警察)이나 비밀경찰 같다. 로쿠하라는 다이라 일족의 거점이며, 가부로 머리 모양을 한 아이들 집단도 기요미즈 고개에 사는 사람들을 떠올리게 하는 면이 있다.

그리고 동일한『헤이케 이야기』속에는 다이라 일족과 미나모토(源) 일족 간의 격렬한 전쟁인 겐페이갓센(源平合戰)의 전초가 되는, 기소 요시나카(木曾義仲)의 교토 상경에 의한 치안 악화에 관한 이야기가 있는데, 여기에서도 기요미즈 고개에 사는 사람들의 흔적을 살필 수 있다. 기소 요시나카의 교토 상경으로 인해 악화된 치안을 정비하고자 고시라카와인(後白河院)은 확실한 무사가 아니라 사찰인 히에잔의 엔랴쿠지와 미이지(三井寺)에 명령하여 행동이 거친 승려들을 소집하지만, 구교(公卿)나 덴조비토(殿上人)와 같은 조정의 신하들이 모은 것은 '돌팔매, 석전(石戰)꾼 그리고 말하자니 입만 아픈 부랑자 젊은이와 걸인 등(迎え礫、印地、言ふ甲斐なき辻冠者原、乞食法とも)'과 같이 교토 시가지에 있던 무뢰한들이었다고 한다(권8「장구 판관(鼓判官)」).

이들이 '히닌'집단을 가리키는 것은 명백한데, 여기에 '기요미즈 고개에 사는 사람'이 다수 관여했으리라는 것은 쉽게 상상할 수 있다.

3. 불법(佛法)의 논리 – 구제와 차별의 구조

처음에 언급한 승려 신카이가 법회를 방해하는 설화는 법회 방해라는 죄가 신체와 처지에까지 영향을 미쳐서 악보를 받는 이야기였지만, 거꾸로 병든 사람이 성스러운 사람으로 변하는 예도 있다.

『금석이야기집』권19 제2화의 「미카와(參河)의 태수 오에 사다모토(大江定基)가 출가한 이야기」에는 출가하여 쟈쿠쇼(寂照)라고 하는 오에 사다모토가 당나라에 건너가서 성지(聖地)인 오대산(五臺山)에서 문수보살의 화신과 조우하는 이야기가 있다.

오대산에 가서 각종 공덕을 닦은 쟈쿠쇼가 물을 끓여 중생들의 몸을 닦아 주려고 할 때 발우공양을 하는 곳에 대단히 '더러운 여자'가 아기를 안고 개 한 마리를 끌고 나타났다. 여자는 '피부병에 걸려 더없이 더러운' 모습이었기에 이를 본 사람들은 더럽다고 여기며 여자를 쫓아내려고 했다. 하지만, 쟈쿠쇼는 그들을 저지하고 여자에게 음식을 줘서 돌려보낸다.

그런데 여자는 '피부병 때문에 견딜 수 없이 괴로워서 몸을 씻으러 왔소. 데운 물을 조금이라도 나눠주시오'라는 부탁을 한다. 이 부탁을 들은 사람들은 다시 여자를 쫓아냈다. 쫓겨난 여자는 뒤쪽으로 도망가서는 몰래 욕실로 들어간다. 아이를 안은 채 개를 데리고 들어간 여자는 찰방대는 소리를 내며 몸을 씻었다. 물소리를 들은 사람들은 다시금 여자를 쫓아낼 요량으로 욕실로 가지만 여자는 연기처럼 사라져 버렸다.

놀란 사람들이 이상하게 여기며 주위를 둘러보니 욕실의 지붕 처마에서 보라색 구름이 빛을 내며 하늘로 오르고 있었다. 그것을 본 사람들은 '그이는 문수보살이 여자로 변신해서 오신 것이었다'며 눈물로 슬퍼했지만 이미 어쩔 수 없는 일이었다.

이런 이야기는 쟈쿠쇼와 동행했던 제자인 넨구(念救)라는 승려가 일본에 돌아와서 전했다고 한다.

쟈쿠쇼는 일본에 돌아오지 못했고, 중국에서 있었던 그의 일화를 제자인 넨구가 전한 사실은 『쇼유키』의 조와(長和) 2년(1013년) 9월 24일 기사를 통해 확인할 수 있다. 당나라에 건너갔던 승려 넨구가 와서 종일 '당나라의 일'을 이야기했다고 전하는 부분이 그것이다. 그러나 이 이야기는 오대산(五臺山)의 평등대재회(平等大齋會)를 둘러싼 유래담이라는 유명한 이야기를 변형시킨 것이다. 자세한 내용을 여기서는 생략할 수밖에 없지만, 견당사의 일원으로 당나라로 건너가서 오대산까지 순례한 고명한 승려 지카쿠 대사(慈覺大師) 엔닌(円仁)이 쓴 일기인 『입당구법순례행기(入唐求法巡礼行記)』의 개성(開成) 5년(840년, 일본의 연호로는 조와(承和) 7년) 7월 3일 기사에 보이는 것이 최초의 예이다. 그 이후 11세기 중반에 송나라 사람인 연일(延一)이 오대산의 영험한 이야기들을 모은 『광청량전(廣清凉傳)』의 중권·8 「보살 변신하여 가난한 여인이 되다(菩薩化身爲貧女)」, 그리고 거란족이 세운 요(遼)나라 사람인 비탁(非濁)이 『광청량전』을 초록(抄錄)하여 쓴

『삼보감응요략록(三寶感應要略錄)』의 하권·2 「문수보살 변신하여 가난한 여인 되어 감응하다(文殊化身爲貧女感應)」가 있으며, 일본에서는 무로마치 시대에 겐토(玄棟)가 『삼보감응요략록』을 직접적인 전거(典據)로 하여 쓴 설화집인 『산고쿠덴기(三国伝記)』의 권5 제8화 「보살 문수 가난한 여인으로 변신한 일(大聖文殊貧女変作事)」 등등이 있어서 그 예를 살필 수 있다.

위의 예들은 본래 「미카와(参河)의 태수 오에 사다모토가 출가한 이야기」에서의 발우공양 즉, 평등재회(平等齋會)를 둘러싼 기원이 되는 이야기이다. 가난한 여인이 개와 아기를 데리고 구걸하러 왔다가 쫓겨나는데, 실은 그들이 문수보살과 선재동자(善財童子)·우전(于闐)·사자(獅子)의 화신이었다. 그 일이 있은 후로 모두 평등하게 발우공양을 하게 되었다는 것인데, 피부병 때문에 몸을 씻는다는 전개는 『금석이야기집』에서만 확인된다. 게다가 엔닌이 아닌 쟈쿠쇼의 이야기가 되어서 쟈쿠쇼의 자비심을 강조하는 문맥을 이룬다.

(부끄럽지만 이상에서 이야기한 경위를 알지 못했기에 신일본고전문학대계 『금석이야기집 4』의 주석에서는 관련 내용이 누락되었다. 이 글을 빌려 지적해 둔다.)

몸을 씻는 이야기는 유명한 고묘황후(光明皇后)가 창병에 걸린 사람들의 몸을 씻기는 유명한 중세 설화인 「목욕탕의 황후(湯屋の皇后)」에서도 공통적으로 나타나고[5], 『금석이야기집』에서도 삼장법사 현장(玄奘)이 천축으로 가는 도중에 창병에 걸린 여인을 만나서 고름

---

5 阿部泰郎(1998)『湯屋の皇后─中世の性と聖なるもの』, 名古屋大学出版会.

을 핥아준다는 이야기(권6 제6화) 또한 비슷한 부류이다. 현장의 도움을 받은 여인은 본래의 모습인 관음보살이 되어 현장에게 『반야심경(般若心經)』을 준다.

오대산을 둘러싼 이야기 중에서 『금석이야기집』의 쟈쿠쇼 설화만이 왜 이런 설정이 되었는지 자세한 것은 알기 어렵다. 그만큼 '창병'을 둘러싼 편견과 차별이 뿌리 깊이 박혀있다는 반증이 될 것이다. 이런 '창병'을 앓는 환자가 결국에는 보살로 변신한다는 반전이 반복해서 사용된 이유는 '창병'을 앓는 환자와 보살이라는 큰 격차가 영험이나 상서로운 일의 현실감을 보다 증폭시키기 때문일 것이다. 차별과 구제가 동전의 양면처럼 붙어있는 구조를 이루고 있다. 그 배경에는 문수보살이 창병의 구세주로서 신앙의 대상이 되기도 한다는 사실도 있지만, 근본적으로는 정(淨)・부정(不淨)에 대한 불법(佛法)의 관찰과 인식이 있을 것이다.

그러나 불법은 위에서 이야기한 언설과 더불어서, 앞을 가로막는 장애물이나 적대 세력에 대해서는 지극히 엄격한 언설(言說)로 규탄한다. 처음 살펴본 기요미즈 고개에 관한 설화 역시 다름 아닌 법회를 방해한 것에 의한 악보였다. 이처럼 직접적으로 신체에 관련된 것이 적지 않다. 그 기조는 『묘법연화경(妙法蓮華經)』 등과 같은 주요 불교 경전에서 많이 볼 수 있다.

만일 이 경전을 가진 사람의 잘못이나 죄악을 들춰낸다면, 그것이 사실이던 사실이 아니던 그 사람은 현세에서 **백라병(白癩病)**을 얻으리라. 만약에 가벼이 여겨서 비웃는 사람이 있다면 그 사람은 세세생생

(世世生生)에 이가 성기고 빠지며 입술이 추해지고 코가 평평해지리라. 또한 손발이 틀어지고 눈은 사시(斜視)가 되며 몸에서는 더러운 냄새가 나리라. 지독한 창질로 인한 피고름, 부푼 배와 가쁜 숨, 여러 지독한 중병에 걸리리라. 이러하기에 보현보살이여, 만일 이 경전을 지닌 사람을 보거든 마땅히 일어서서 멀리서부터 영접하여 부처를 공경하듯 해야 할 것이다.(권8 「보현보살권발품」)

이 내용에서 직접 영향을 받은 것이『금석이야기집』의 권14 제28화 「야마시로(山城) 지방의 고려사(高麗寺) 승려 에이조(栄常)가 법화경을 거슬러서 현보(現報)를 얻은 이야기」이다. 『일본영이기(日本靈異記)』를 출전으로 하는 이 이야기는『법화경』을 외면서 행걸(行乞) 하는 승려를 업신여기며 일부러 입을 비뚤어지게 해서 그 흉내를 낸 고려사의 승려 에이조가 그대로 입이 비뚤어지고 말았다는 내용이다.

이는 다름이 아닌 경문에서 설하는 것과 같다. '만약에 이 경전을 가벼이 여겨서 비난하는 사람이 있다면 세세생생에 이가 빠지고 입술이 검게 되며 코가 평평해지리라. 또한 다리가 틀어지고 입은 비뚤어지며 눈은 사시가 되리라'는.

이라고 적혀있는 대로이다. 행걸하는 승려가 보살의 화신(化身)이라는 이 이야기에서 보이는 성(聖)과 속(俗)의 반전구도(反轉構圖)는 신화의 '변장(やつし)'에 해당하는 이야기(物語)의 틀이다. 또한 이를 뒤집

으면 불법에 대한 불신이나 반역의 대가라는 협박이나 죗값으로써 차별을 조장하는 흐름이 될 수도 있다. 구제와 차별은 표리일체의 관계인 것이다. 『법화경』에서 여자가 변성남자(變成男子)를 거쳐 성불할 수 있다는 용녀성불설(龍女成佛說)은 한편으로는 여성차별을 조장한다. 그리고 이는 여자들만이 간다는 피고름으로 가득 찬 연못지옥(地の池地獄)이나 출산의 경험이 없는 여성들이 가는 불산녀지옥(不産女地獄) 등에 관한 신앙이 중세 시대에 퍼지게 된 과정과 같은 맥락을 지닌다.

가마쿠라 시대(鎌倉時代)에 법화종(法華宗)을 개종한 일연(日蓮)이,

> 오역죄(五逆罪)와 불법을 비난하는 행위를 비유하자면 오역죄는 곽란(霍亂)과 같아서 급작스럽게 나타난다. **불법에 대한 비난은 백라병과 같다.** 처음은 온화하지만 이후 점점 일이 커진다. 불법을 비난하는 사람은 대부분 무간지옥(無間地獄)에 태어나지만 몇몇은 육도(六道)에서 태어난다. **인간으로 태어나면 빈궁하천(貧窮下賤)의 처지에 놓이거나 백라병을 앓는다.** (「가샤쿠호보메쓰타이쇼(呵責謗法滅罪抄)」御書, pp.711-712)

라고 이야기한 과격한 문구 역시 마찬가지이다. 불법 비판이나 법화경 비난과 같은 불법을 비난하는 것에 대한 업보를 강조하는 무기가 되어서 오히려 현실에서 나타나는 차별에 대한 부추김이 될 것이다. '백라병'이 실제로 있는 병 이상의 은유로써, 그리고 언설의 무기로써 의의를 띠는 것을 놓쳐서는 안 될 것이다[6]. 불법은 "차별/구제라는 성냥과 소화기 이다"[7]라는 지적은 적절하다. '병자, 불

구자, 걸인'은 "죄의 부정함과 병의 부정함을 이중으로 짊어진 존재로 엄격하게 소외되는 존재"[8]였던 것이다.

4. 사예(死穢)를 기피하는 일 – 기요메(清め)와 '방면(放免)'

죽은 자에게서 부정(不淨)을 읽어내는 관념은 지금도 뿌리 깊게 남아있다. 사원도 예외는 아니었다.

유명한 '볏짚 부자(わらしべ長者)' 이야기의 시작점이 되는 『금석이야기집』의 이야기(권16 제28화)에서도 죽음의 부정에 관한 내용을 살필 수 있다. 이야기의 처음에는 연고 없는 가난한 젊은이가 등장해서 관음보살의 신탁이 있을 때까지는 하세데라(長谷寺)라는 절에서 한발도 움직이지 않겠다고 한다. 절에 있는 승려들은 이 남자가 굶어 죽게 되면 절에서 부정한 일이 생기지는 않을까 '큰 일이 난' 듯이 교대로 음식을 가져다주었다. 일체 중생에 대한 자비에서 비롯된 구제가 아니라 단지 죽음의 부정함(死穢)을 두려워해서 보시했다는 사실을 살필 수 있다.

또, 이런 이야기도 있다. 한 늙은 법사가 절에 흘러들어와 범종을 치는 일을 담당하게 되었다. 그러나 이 법사가 며칠 지나지 않아 급

---

6 スーザン・ソンタグ著, 富山太佳夫訳(1982) 『隠喩としての病い』, みすず書房.

7 北條勝貴(2021.5) 「<病>の照射する性別二元構造の構築/への抵抗—東アジア古代の比丘尼と多様な性」 『日本文学』, 日本文学協会.

8 丹生谷哲一(2008) 『検非違使―中世のけがれと権力』, 平凡社ライブラリー(初版1986年)

사하고, 주지는 '터무니없는 늙은 법사를 거둬서 부정한 일이 생기고 말았다'며 화를 낸다. 더군다나 신사의 마쓰리 날이 가까워서 마을 사람들 모두 '어찌 부정탈 일에 손을 댈까'라며 죽은 자에게 다가가려는 사람은 아무도 없었다. 그러자 아버지의 행방을 찾는다는 남자들 일당이 나타났고, 결국 그 늙은 법사가 자신들의 아버지라는 것을 알고 장례를 치렀다. 그러나 승려와 마을 사람들 모두 '부정탄 30일 간'은 종이 있는 건물 주변에 다가가지 않았다. 그 후 금기의 시간이 지나서 보니 범종이 흔적도 없이 사라졌다는 것이다. 늙은 법사와 그 아들이라는 일당이 실은 도적집단이었고, 감쪽같이 종을 훔쳐내는 데에 성공했다. 실로 완전범죄였던 것이다(권29 제17화).

이것도 사원이 죽음의 부정을 기피한 전형적인 예로, 도적집단은 훌륭한 연극집단이기도 했다. 제례 일정까지 장악하고 계획적으로 일으킨 범죄였을 것이다.

죽음의 부정을 정화하는 것이 기요메(清め)이고, 도시에서는 군사·경찰·재판 등등과 치안유지 그리고 부정한 것을 정화하는 소관이 게비이시 청(檢非違使廳)에 있었다. 헤이안 시대(平安時代) 설치된 중요한 직위로 이 게비이시 청의 바닥에 위치하는 존재가 '방면(放免)'이다. '방면된 수인(囚人)'이라는 의미로 게비이시 청의 하급 형리(刑吏)이다. 범죄자를 탐색·포박하거나 고문이나 감옥의 간수, 도시 정화 등의 역할을 담당했다. 죄를 범해서 수감되었지만 범죄자의 정보수집 등과 같은 조사의 편의를 위해 전과가 있는 자를 게비이시 청에서 채용한 것이다.

‘방면’이 재차 범죄를 일으켜서 강도짓을 하는 이야기가『금석이야기집』에도 있다(권29 제6화). 감옥의 옥사 근처에 사는 방면이 유복한 집에 눈독을 들이고 그 집 종자를 포섭해서 도둑질을 하려 한다. 하지만 종자의 재치로 그들은 일망타진 당한다는 이야기이다. 그리고 한편으로는 게비이시가 도둑질을 하는 이야기(권29 제15화)에서는 ‘방면’들이 게비이시의 도둑질을 보고 ‘우리들이 도둑질을 해서 인생을 망치고 이처럼 방면이 된 것은 조금도 창피하지 않다. 게비이시가 도둑질을 하는데’라며 몰래 웃는 내용이 있다. 이 ‘방면’의 술회적인 말은 그들이 짊어진 피차별자의 지위와 처지를 잘 드러낸다.

앞서 ‘히닌’을 이야기한 부분에서 언급했지만『금석이야기집』과 거의 동시대를 산 오에 마사후사의『고단쇼』에는 화려한 옷을 입고 가모 축제에 참석한 ‘방면’에 대해 나리노부가 ‘히닌이기 때문에 금기를 두려워하지 않는 것이다’고 비난하자 후지와라 긴토(藤原公任)가 ‘그렇다면 방화나 살인을 저질러도 금지할 수 없는가? 다른 죄는 형벌에 처하지만 화려한 옷을 입는 것은 대체 처벌의 근거가 있는가?’라고 묻는다. 이에 대해 나리노부는 ‘장물소(臟物所)에서 나온 것을 새로 염색하고 문양을 넣은 의복을 눈에 띄도록 하기 위해 착용하는 것이 아닌가.’라고 답해서 긴토를 감탄시켰다고 한다.(제1·8)

‘히닌’이기 때문에 금기와는 상관없다든지, 망설임 없이 ‘방화나 살인’을 연상하는 것에서 ‘방면’의 지위가 여실히 드러난다. 차별과 화려한 복장은 표리일체의 관계이며, 도시의 정화를 담당한 것도 깊은 관련이 있을 것이다.

'방면'이 도시에서 시체 처리를 했다는 것은 『금석이야기집』 권 16 제29화 「가난한 남자가 하세데라의 관음을 모시고 황금으로 된 사체를 얻은 이야기」에서 살필 수 있다.

나라(奈良)에 있는 하세데라(長谷寺)까지 참배를 갔던 남자가 교토로 돌아왔다. 날이 저물어서 불안해하며 교토의 구조(九条) 주변을 홀로 걷고 있다가 게비이치 청에서 잡역을 하는 방면들과 마주친다. 방면들이 갑자기 사로잡기에 남자가 그 이유를 물으니 방면은 노역을 시키기 위해서라고 답하고는, 그대로 남자를 북쪽으로 끌고 가서 궁중(宮中)의 '팔성(八省)'까지 연행해 간다. 이유를 알 수 없는 남자가 두려움에 떨고 있자, 방면은 '우치노(內野)'에 있는 열 살 정도로 보이는 시체를 '가모(賀茂) 강의 강변에 가지고 가서 버려라' 며 재촉한다.

하세데라에서 걸어온 남자는 몹시 피곤했기 때문에 시체가 무거웠다. 그러나 재촉하는 방면들이 뒤에서 감시하고 있었기에 도망칠 수도 없었다. 남자는 참고 시체를 계속 짊어지고 있었지만 강변까지는 아무래도 갈 수 없을 듯했다. 그래서 일단 집으로 돌아가서 아내와 함께 시체를 버리러 가겠노라고 제안을 했다. 방면의 허락을 받고 시체를 집으로 옮긴 남자는 아내에게 사정을 이야기하고는 함께 들어 올리려고 했지만 시체가 너무 무겁고 딱딱했다. 이상하게 생각한 남자가 나무막대로 시체를 찔러보자 그 정체가 황금이었다. 그 후 조금씩 황금을 팔아서 결국 부자가 되었다는 이야기이다. 과연 정말로 방면이 재촉을 한 것인지 아니면 관음보살이 변신한 것인지, 그것은 알 수 없다는 내용으로 이야기는 끝이 난다.

실제로 남자가 집으로 간 이후, '방면'의 존재는 사라진다. 그 때문에 시체를 짊어지도록 시킨 '방면'은 관음보살의 화신일 가능성이 높다. 어느 쪽이든 하세데라에 있는 관음의 영험으로 얻은 이익에 이야기의 초점이 맞춰져 있지만, 여기서는 '방면'이 서민을 가차 없이 재촉해서 시체처리와 같은 일을 시키는 포악한 존재로 두려움의 대상이었다는 사실을 엿볼 수 있다. 게비이시 청의 말단인 '방면'이 도시 정화의 일환으로 시체 처리를 담당한 것도 당사자의 체험담을 듣는 것처럼 실감 있게 전해진다. 이로부터 설화가 갖는 이야기의 힘(物語力)을 생생하게 느낄 수 있는 것이다.

시체가 놓여있던 장소인 '팔성'과 '우치노'로부터 그곳이 궁중이라는 사실이 명확히 드러난다. 죽음의 부정을 기피하는 궁중에서는 이름 없는 소년의 유해를 가모 강의 강변에 버리는 수밖에 없었을 것이다. 하지만 시체를 운반할 처지에 놓인 남자에게서는 시체에 직접 닿는 부정함을 의식하는 감각이 그다지 보이지 않는다. 아내와 함께 옮기기 위해서 시체를 집까지 가지고 온 남자에게서 부정함을 기피하려는 감정을 살필 수 없다는 사실에도 주목해 두고자 한다.

방면을 그린 회화자료로는 12세기 말 작품인『한다이나곤 두루말이 그림(伴大納言絵巻)』이 특히 유명하며, 13세기 가마쿠라 시대의 작품으로는『호넨스님 그림 전기(法然上人絵伝)』도 잘 알려져 있다.

이상에서 '사예'를 중심으로 살펴보았다. 사체처리 등과 같은 부정(不淨)한 일을 하는 '방면'이 차별받는 '히닌'으로 여겨지고, 그 때문에 거꾸로 제례(祭禮)에서 화려하고 호사스러운 의복을 몸에 두르고 교토 시가지를 대열지어서 걷는 이질적인 모습을 보였다. 또한 일반 사람들로부터는 두려운 존재였다. 예능에 종사하는 사람과 피차별(被差別) 사이에 깊은 관계가 있는 것처럼 차별과 남다른 재능은 구분할 수 없이 함께 묶여 있는 것이다.

5. 사원사회(寺院社會)의 동자(童子)들 — 대동자(大童子)의 존재

마지막으로 사원사회의 차별에서는 아쿠타가와 류노스케(芥川龍之介)의 소설인 『코(鼻)』의 전거(典據)로 알려진 『금석이야기집』에 있는 젠치나이쿠(禪珍內供)의 코에 관한 이야기(권28 제20화)를 주목하고자 한다. 같은 이야기가 『우지슈이 모노가타리(宇治拾遺物語)』 제25화에도 보이지만 둘은 미묘하게 어조가 다르다. 이 이야기에는 젠치의 요상한 코를 들어 올리는 일을 맡는 동자가 등장한다. 대역으로 등장한 동자는 재채기를 해서 젠치의 코를 받쳐 든 판자를 치우는 실수를 한다. 화가 난 젠치는 실언을 하고 동자가 통렬한 반박을 한다는 내용으로 말의 응수(應酬)에도 이야기의 초점이 맞춰진다. 주의할 것은 여기에 등장하는 동자의 명칭이 『금석이야기집』에서는 '중동자(中童子)', 『우지슈이 모노가타리』에서는 '중대동자(中大童子)'로 되어 있는 부분이다.

게다가 『우지슈이 모노가타리』 제15화 「대동자(大童子) 연어를 훔친 일」에서는 아와다구치(粟田口)라는 곳에 있던 '대동자'가 에치고(越後) 지방에서 온 일행의 연어를 훔쳐내지만 발각되어 잡히는데,

41

그 때 이 '대동자'는 저속하고 얼토당토않은 말을 내뱉는다. 또『우지슈이 모노가타리』제182화 「주인 승도(仲胤僧都)의 렌카(連歌) 이야기」에는 쇼렌인(青蓮院)의 주지승을 방문한 일곱 번째 왕자의 무료함을 달래는 내용이 있다. 왕자를 달래며 경신날 밤에 하는 놀이를 하던 도중에 시중을 드는 '상동(上童)'이 매우 추하게 생긴 것을 보고 한 승려가 "상동 대동자(大童子)보다도 못하네"라는 렌카를 읊는다. 사람들이 그 뒤를 이어가지 못하자 설교로 유명한 주인 승도(仲胤僧都)가 "기온 신사(祇園神社)의 어령회(御霊会)를 기다리는 듯 하여라"라는 구를 붙인다.

이들 이야기에 등장하는 대동자, 중동자, 중대동자, 상동과 같은 동자들이 어떻게 다른지에 관해서 종래의 주석이나 사전은 대부분 연령의 차이라고 여기는 견해가 일반적이었다. 그러나 쓰치야 메구미[9](土谷恵)의 연구에 의해 그 차이가 사원사회의 신분차이를 드러낸다는 사실이 명백해졌다.

결론만을 이야기하자면 이 동자들의 차이는 연령차가 아니라 근본적인 신분의 차이이다. '상동'은 상층으로 흔히 이야기하는 '지고(稚児)'・'중동자'는 그 다음 계층・'중대동자'는 천태종에서만 보이는 것으로 '중동자'와 비슷하고 '대동자'는 사원에 속해 있는 동안은 출가조차 할 수 없는 최하층의 존재라는 것이 명확히 규정되었다.

이런 사실에 비추어보면『우지슈이 모노가타리』에서 연어를 훔

---

9 土谷恵(2001)『中世寺院の社会と芸能』, 吉川弘文館.

친 '대동자'를 '혹은 소를 치는 아이 등'이라고 지적한 신일본고전문학대계(p.27)의 해석은 적절하지 않다. '아와다구치'에 있었다는 사실에서 생각하면 아와다구치에 있는 유명한 천태종의 사원인 쇼렌인에 속한 '대동자'라고 확정할 수 있다. 또한 이어서 언급한 주인의 렌카 이야기에서 있었던 '상동 대동자보다도 못하네'라는 구(句)도 '상동'과 '대동자'의 신분 차이를 반영해서 심하게 비꼬고 있다는 의미를 명확히 읽어 낼 수 있는 것이다.

'대동자'의 존재는 『우쓰호 이야기(うつほ物語)』의 구니유즈리 중(国讓中)에 '젊은 법사 열 명, 대동자 서른 명 정도'라고 있는 예부터 시작해서 헤이안 시대부터 중세에 걸쳐서 많은 서적에 등장하는데, 그 중에는 나이든 존재가 비교적 눈에 띤다.

　　'동행으로는 몸집이 크고 나이든 대동자 마흔 명'(『에이가 이야기(栄花物語)』하쓰하나(初花))

　　'늙어서 백발이 하얀 대동자'(『고콘초몬슈(古今著聞集)』권17 「변화(変化)」 606)

　　'대동자라고 부르는 자는 나이 칠순에 달한다'(『기레이몬도(貴嶺問答)』)

등등이 있는데 그 중에서도 가모노초메이(鴨長明)의 『홋신슈(発心集)』권3 제2화 '이요 승도(伊予僧都)의 대동자 머리에 빛이 나타난 이야기'에서는 오랫동안 나라(奈良)에 있는 이요 승도의 시중을 들며 아침저녁으로 게을리 하지 않고 염불을 한 '대동자'가 수레의 앞에서 갈도(喝道)를 할 때 불빛에 반사되어 후광처럼 보인 것을 이요 승도가 보고 '나이도 많이 먹었으니 은퇴해도 좋다'며 땅을 나눠주었다. 대동자는 그 땅을 두 명의 자식들에게 나눠주고는 사루자와(猿沢)라는 연못 곁에 암자를 엮고 일심으로 염불을 외서 서쪽을 향해 합장한 채 서방왕생(西方往生)하였다.

'대동자'는 사원에 속해 있으면서 출가가 불가능 할 정도로 소외된 신분이며 이 이야기는 말하자면 주인으로부터 허락을 받고 겨우 은둔(隠遁) 승려처럼 암자를 엮을 수 있었다는 예외에 가깝다. 그 때문에 대동자가 독립한 진귀한 이야기로 주목을 받아 전해졌을 것이다.

그리고『고콘초몬슈』의 권6「관현가무(管弦歌舞)」(264)에는 덴닌가쿠(天人楽)를 하치만구지(八幡宮寺)에 있는 다리 위에서 대동자로부터 배웠다는 이야기도 있어서 기예(技藝)에 특출 난 '대동자'의 존재도 확인할 수 있다.

게다가 주목할 만 한 것은『헤이케 이야기』에서 유명한, 기카이가시마(鬼界島)에 유배된 슌칸(俊寛)을 찾아가서 임종을 지키고 그 유골을 가지고 돌아와서 고야산(高野山) 오쿠노인(奥の院)에 안치한 아리오(有王)도 역시 '대동자'였다. 요미혼(読み本) 계열인 엔교본(延慶本)『헤이케 이야기』제2본(本)이나『겐페이 성쇠기(源平盛衰記)』권11의「아리오 슌칸의 문답(有王俊寛問答)」등에서 확인 할 수 있다(일반적인 가타리혼(語り本)인 가쿠이치본(覚一本) 등에서는 이 말이 없다).

아리오는 삼 형제로 젊은 시절부터 잡역을 하면서 '아와다구치 주변'에 있었다. 첫째는 법사로 홋쇼지(法勝寺)라는 절의 사무를 보는 아즈카리(預り)가 되었고, 둘째는 가메오(亀王), 셋째는 아리오마루

(有王丸)라는 이름으로 삼 형제 중에 둘이 '대동자'였다. 아리오는 용모부터 심성까지 '좋은 아이'였다고 한다. 마지막에는 고야산으로 돌아가서 난인(南院)에서 '연아미타불(蓮阿彌陀佛)'이라 불렸다고 한다. 아리오의 형제들이 아와다구치 주변에 있었던 사실은 앞서 살펴본『우지슈이 모노가타리』에서 연어를 훔친 대동자와 공통된다. 흥미를 끄는 부분으로 쇼렌인의 영향권과 관련이 있는 듯 여겨진다.

상동, 중동자, 대동자의 회화자료는 이미 쓰치야 메구미가 논문에서 지적한 것과 같이 가마쿠라 시대 말기의『가스가곤겐켄키에(春日権現験記絵)』라는 가스가타이샤(春日大社)의 유래와 영험에 관한 두루마리 그림 권14와 권10 등에 있어서 이미지를 확실히 파악할 수 있다. 동자라는 개념을 명확히 하는 것은 그림의 이미지를 읽어내는 방법과도 관련되는 것이다.

6. 맺음말

이상에서『금석이야기집』의 설화를 중심으로 차별을 받는 군상들의 일면을 살펴보았다. '히닌'이라며 경멸의 대상이 된 '기요미즈 고개에 사는 사람', 도시의 정화를 담당한 게비이시 청의 말단인 '방면', 사원사회의 하층에 자리잡은 '대동자' 등등과 같이 종래에는 애매했거나 잘못 해석되던 것을 조금이나마 바로잡을 수 있었을 것이다. 차별이라는 문제를 간과하고는 고전 역시 정확히 읽어낼 수 없다는 사실을 다시금 명심할 필요가 있다.

　그리고 또한 이들 설화를 생성하고 뒷받침한 배경이나 심층에 있는 논리에 구제와 차별이라는 두 측면을 교묘히 구분하고 있는 불교의 사상과 이데올로기가 깊이 관여하고 있다는 문제도 다시금 생각해 볼 수 있을 것이다.

| 참고문헌 |

スーザン・ソンタグ著, 富山太佳夫訳(1982)『隠喩としての病い』, みすず書房.

井上清(1995)『京都の部落史』第一巻「前近代」, 阿吽社.

_____(1984)『京都の部落史』第三巻「史料古代中世」, 阿吽社.

高橋昌明(2011)『清盛以前　伊勢平氏の興隆』, 平凡社ライブラリー(초편은 1984년).

網野善彦(1993)『異形の王権』, 平凡社ライブラリー(초판은 1986년).

丹生谷哲一(2008), 『検非違使―中世のけがれと権力』, 平凡社ライブラリー(초판은 1986년).

黒田日出男(1986)『境界の中世 象徴の中世』, 東京大学出版会.

網野善彦(2005)『中世の非人と遊女』, 講談社学術文庫(초판은 1994년).

阿部泰郎(1998)『湯屋の皇后―中世の性と聖なるもの』, 名古屋大学出版会.

土谷恵(2001)『中世寺院の社会と芸能』, 吉川弘文館.

下坂守(2003)『描かれた日本の中世―絵図分析論』, 法蔵館.

千本英史(1987)「「かたゐ」考―説話における癩者の問題」『大阪教育大学紀要』36-1.

北條勝貴(2001.5)「<病>の照射する性別二元構造の構築/への抵抗―東アジア古代の比丘尼と多様な性」, 『日本文学』, 日本文学協会.

「테루마・가쿠세이」 소고
분로쿠(文禄)・게이초(慶長) 전란 포로를
구분했던 어휘에 대해서

스즈키 아키라(鈴木彰)

1. 머리말

분로쿠(文禄)・게이초(慶長) 전란(임진왜란・정유재란／임진전쟁) 때 한반도에서 많은 사람들이 일본으로 끌려왔다는 사실은 잘 알려져 있다. 얼마나 왔는지 그 전체 수를 파악하기는 어렵지만, 나이토 슌포(內藤雋輔) 씨는 여러 기록에서 나중에 송환된 포로 수를 시산(試算)하여, 그것을 바탕으로 포로 수는 대략 2~3만명 이상은 되었을 것이라고 유추하고 있다.[1] 또한 『조선왕조실록』 광해군일기 광해 9년

---

1   內藤雋輔 氏, 『文禄・慶長役における被擄人の研究』(東京大学出版会, 1976.3). pp.7-11, 59, 86, 196.

(1617) 4월 19일조에는 경상도 겸사복(兼司僕)이었던 정신도(鄭信道)의
상소가 기록되어 있는데, 그 내용인즉슨 포로로 끌려간 전이생(全以
生)의 글을 「신해춘(辛亥春)」 즉 광해 3년(1611) 봄에 읽었는데, 「사쓰
마 주(薩摩州)」에는 「3만 7백여명」의 포로가 생활하고 있으며 「도창
(刀鎗)」과 「전진(戰鎭)」을 배우고 있다는 것이다. 당시에 일본으로 간
포로에 대해 이러한 인식을 가지고 있었다는 것이 확인된다. 이 전
쟁을 계기로 최소 수만에 달하는 포로가 바다를 건너 간 것이다.

전쟁터에서 벌어진 약탈행위는 그 대상에 사람까지 포함되어 있
었다. 후지키 히사시(藤木久志) 씨는 주로 16세기~17세기 초 전장(戰場)
의 잡병들의 세계를 조명하면서, 일본 전국 각지의 전쟁터에서 「사
람을 잡아가는」 행위가 있었다는 것을 밝혔다.[2] 또한 분로쿠·게이
초 전란 당시의 사람을 잡아가는 실태도 검토하여 「조선 전쟁터에
서 사람을 잡아간 행위가 실은 일본 국내의 전쟁터에서 사람을 잡
아가던 습속의 연장선」이었음을 지적했다.[3]

전쟁터에서 사람을 잡아가는 것은 인신매매나 노예시장의 문제
와도 긴밀하게 연결되어 있었다. 전쟁터에는 상인들도 가서 사람
까지 매매 대상으로 삼았다. 후지키 씨는 그러한 상인의 궤적이 일
본 국내에서 한반도로 확대되었음을 지적함과 동시에,[4] 그 시장이
세계 각지와 연결되어 있다는 것을 이와오 세이이치(岩生成一) 씨, 오
카모토 요시토모(岡本良知) 씨 등의 연구[5]를 참조하며 전체적인 조망

---

2 藤木久志 氏, 『雑兵たちの戦場　中世の傭兵と奴隷狩り』(朝日新聞社, 一九九五年十
　一月).
3 주2) 전게서, p.64.
4 주2) 전게서, pp.133-136.

을 제시하였다.[6]

그런데 분로쿠・게이초 전란 때는, 포로를 「테루마(てるま)」「가쿠세이(かくせい)」「고가쿠세이(こかくせい)」라고 그 호칭을 구분하는 경우가 있었다. 후지키 씨는 전게서에서 이 어휘들의 의미 분석을 시도하며, 이를 「아마도 조선어 소리를 일본풍으로 표기」한 것으로 보았다. 먼저 「가쿠세이」「고가쿠세이」에 대해서는, 『인토쿠키(陰徳記)』의 조선에서 일상회화를 할 때 사용되는 기초적인 말과 표현을 모은 「고려사지사(高麗詞之事)」에 「아름다운 여성을 데리고 오라. 고분가쿠세이 도보라오라(美キ女連テコヨ　コブン　カクセイ トボラオラ)」라고 되어 있는 점을 근거로, 「「가쿠세이」는 「각시」의 일본식 발음으로 젊은 여성을 가리키고, 「고가쿠세이」는 나이가 더 어린 여자아이를 가리키는 것 같다」(그 근거는 후술)고 하였다. 그리고 「그저 추측일 뿐」이라고 단서를 달면서 「가쿠세이・고가쿠세이・테루마는 잡아온 조선 여성을 세분한 말이었을지도 모른다」는 견해를 제시했다.[7]

후지키 씨의 이러한 포로 호칭에 관한 문제 제기를 발판으로 삼아, 본고에서는 이 「테루마」「가쿠세이」로 불려진 존재에 다시 한 번 주목하여, 관련 자료를 다시 검증하고, 또한 용례를 몇 가지 추가함으로써, 그 어의 및 개념을 재검토하고자 한다.

---

5 岩生成一 氏, 『南洋日本町の研究』(南亜文化研究所・地人書院, 1940), 岡本良知 氏 『十六世紀日欧交通史の研究』(原書房、1974 복각. 초판 1936) 등.

6 주2) 전게서, pp.263-278.

7 주2) 전게서, pp.59-63. 또한 이에 앞서서 나이토 슌포(内藤雋輔) 씨가 교넨(慶念)의 『조센니치니치키(朝鮮日々記)』의 본문을 번각, 소개하였지만, 거기에서는 「테루마・가쿠세이」를 이렇게 해석하지 않았다. 주(1) 전게서 p.601, 643.

2. 「테루마 · 가쿠세이」 해석의 현황

검토에 들어가기 전에 먼저 중요한 선행연구로서, 후지키 씨와 거의 같은 시기에 「테루마 · 가쿠세이」라고 불려진 존재에 주목하여, 가고시마(鹿児島) 지역사 연구의 일환으로 그 실태를 탐구한 오타케 스스무(大武進)씨의 연구성과를 참조할 필요가 있다.

오타케 씨는 시마즈(島津) 가문의 문서에 등장한 「테루마 · 가쿠세이」의 사례를 실마리로 삼아, 후지키 씨도 언급한 『조센니치니치키(朝鮮日々記)』, 『인토쿠키(陰徳記)』의 「고려사지사(高麗詞之事)」에 쓰여 있는 관련기사를 시야에 넣어 고찰하였다. 그리고 그 결과를 『사쓰마 나에시로 강 신고(薩摩苗代川新考)』(私家版, 1996.12.)의 제2장 「포로-묻혀진 사실(史実)」의 제2절「「테루마 · 가쿠세이」」에서 밝히고 있다. 거기에서는 「테루마 · 가쿠세이」가 인신매매에 의해 팔려온 조선 사람을 가리키는 말이며, 시마즈 가문 문서에 처음 등장한 것은 게이초(慶長) 2년(1598)이라는 점, 그 수송과 관련한 문제를 언급한 문헌의 연대가 게이초 2년과 3년에 국한되어 있다는 점, 「고려사지사(高麗詞之事)」에 의하면 「가쿠세이」는 바로 여성을 의미하는 단어라는 점, 「테루마 · 가쿠세이」가 당시 사쓰마(薩摩) 시마즈 가문의 사람들 사이에서는 「인구에 회자된 말」이었다는 점 등, 후지키 씨와는 다른 관점에서 다른 사료를 사용함으로써 중요한 사항을 지적하였다. 특히 본고의 문제의식과 관련 있는 사항으로는, 「테루마」와 「가쿠세이」가 한쌍으로 등장한다는 점에 착목하여, 「고려사지사(高麗詞之事)」의 기사에 의하면 「테루마」와 「가쿠세이」는 「인간의 노약, 귀천, 직업의 대비를 의미하지 않」으며, 또한 「가쿠세이」가 여성이라면 「테루마」는 「남성으로밖에 볼 수 없다」고 추정한 점이 특히 중요하다. (다만 확실한 용례가 없기 때문에 단정은 하지 않았다.) 이는 「테루마」를 여성으로 본 후지키 씨의 견해와 대립하고 있다.

오타케 씨의 저서는 후지키 씨의 전게서(기존 논문의 재출판이 아님)보다 조금 앞서 간행되었음에도 불구하고, 관련 연구들이 이를 아직 충분히 참조하지 않았다.[8] 하지만 앞에서 언급한 오타케 씨의 지적 사항은 후지키 씨의 연구와 함께 이 문제를 검토하는 데 있어서 실마리가 될 것이다. 특히 「테루마」 해석과 관련하여, 후지키 씨와 오타케 씨의 견해가 당초에는 달랐었던 점에 주목하고자 한다.

지금 「당초에는」이라고 한 것은, 그 후에 오타케 씨가 자신의 견해를 취소하고 수정했기 때문이다. 오타케 씨는 사쓰마 지방 도자기 400년 기념행사에 맞춰서 『헤이세이 10년의 미야마(구 나에시로 강) 자료가 말해주는 사쓰마 도자기 400년제(平成十年の美山(旧苗代川)資料が語る薩摩焼400年祭)』라는 저서를 편찬하여, 해당 테마와 관련 있는 문헌 리스트를 작성하였다. 거기에서 「테루마」를 자신이 이전에 쓴 저서에서는 남성이라고 판단하였으나 이는 「착오」였으며 「테루마」는 「소녀」라고 첨언하고 있다.[9] 이 저서의 성격 상 그러한 판단에 이르게 된 근거를 제시하지는 않았지만, 말미에 후지키 씨 저서의 59~64페이지를 참조했다고 밝히고 있으므로, 후지키 씨의 지

---

8 예를 들면 뒤에서 언급할 『조센니치니치키(朝鮮日々記)』 주석이 사용한 참고문헌에 올라와 있지 않다.

9 당시 규슈(九州) 대학의 교수였던 마쓰하라 다카토시(松原孝俊) 씨의 조언을 받았다고 되어 있다. 마쓰하라 씨는 현재 동 대학 명예교수.

적을 접한 것이 이렇게 「수정」하게 된 큰 요인이라고 할 수 있을 것이다.

그 후 오타케 씨는 가고시마 현 가지키초(加治木町)의 역사 좌담회 강연에서 사쓰마에 잡혀 온 포로들의 화제를 꺼냈다. 그 내용을 정리한 강연기록[10]에 의하면 「「테루마・가쿠세이」 재론」이라는 제목을 붙인 장에서 당초[11]에는 「테루마・가쿠세이」는 남녀 조선인이라는 가설을 세웠지만, 「그 후 다시 고증한 결과 「테루마는 소녀 혹은 미혼여성」「가쿠세이는 성인 여성」을 의미하는 중세 조선어」이기 때문에 「수정」한다고 되어 있다.[12] 여기에서 「테루마」를 「소녀」라고 한 것은 『헤이세이 10년의 미야마(구 나에시로 강) 자료가 말해주는 사쓰마 도자기 400년제』의 해석을 계승한 것인데, 이 강연에서는 「미혼 여성」이라는 의미를 부가한 셈이다. 아마도 「가쿠세이」를 「성인 여성」으로 해석했을 경우에 연령적으로 한 쌍을 이루는 것이 「소녀」이고, 뿐만 아니라 혼인의 면에서 대치되는 개념인 「미혼 여성」일 가능성을 상정했기 때문이라고 추정된다.

한편 2009년 9월에는 『조센니치니치키』의 본문 및 주석이 출간되었는데, 작중에 사용된 「테루마・가쿠세이」어휘에 대해서는 후지키 씨의 견해를 참조 및 소개만 하고, 새로운 검토는 하지 않

---

10 大武進 氏, 「文禄・慶長期に薩摩に捕らえられて来た人々──「てるま・かくせい」再論──」(『加治木史談』. 編集委員会編 『加治木史談八十周年記念誌』(加治木町史談会, 2009.7.)

11 '앞의 책『薩摩苗代川新考』에서는'의 의미.

12 앞의 저서『薩摩苗代川新考』를 간행한 후 후지키(藤木) 씨와 저서를 주고 받았다는 언급이 있는 것으로 보아, 「테루마・가쿠세이」에 대해서도 의견교환을 했을 것으로 생각된다.

앗다.[13]

위와 같은 현재의 「테루마·가쿠세이」 연구 해석을 정리하면 다음과 같다.

① 「테루마」「가쿠세이」란 조선어의 음을 일본어 문자인 가나(仮名)로 표기한 것이다.
② 「가쿠세이」는 조선어 「각시(カクシ)」[14]에서 유래한 말이며, 젊은 여성을 의미한다.
③ 「고카쿠세이」는 더 어린 여자아이를 가리키는 말로 추측된다.
④ 「테루마」는 이에 해당하는 조선어는 아직 찾을 수 없지만 「가쿠세이」와는 다른 조선의 여성을 가리키는 말로 추측된다.

3. 「테루마」는 여성인가?

앞에서는 분로쿠·게이초 전란의 포로에 관한 연구 동향을 서술했다. 그런데 실은 조선어사(朝鮮語史) 영역에서는, 후지키 씨, 오타케 씨의 연구보다 앞서서 「가쿠세이」의 의미가 검토되었다. 시부쇼헤이(志部昭平) 씨는 『인토쿠키』의 「고려사지사」에서 일상회화 용례의 하나로 소개된 다음 구절

---

13 朝鮮日々記研究会 編, 『朝鮮日々記を読む 真宗僧の見た秀吉の朝鮮侵略』(法蔵館, 2000.9.) p.49, 111.
14 「어린 여자 아이, 젊은 여자」의 의미. 大阪外国語大学朝鮮語研究室 編 『朝鮮語大辞典 上巻』(角川書店, 1986.2)

一, 아름다운 여성을 데리고 오라. 고분 가쿠세이 도보라오라.

【원문】
一、美^キ女連テコヨ　コブンカクセイトボラヲラ

에 대해서, 「가쿠세이」는 「미인」이라는 의미로서, 『신증유합(新增類合)』(선조 9년<1576>)에서는 한자 「姬」를 「각시」라고 설명했는데, 「가쿠세이」가 바로 이 「각시」에 대응하는 말이라고 지적한다.[15] 참고로 위의 문장 안에 있는 「고분(コブン)」은 다른 항목에 「一, 아름답다 고부타(一、ウツクシ　コブタ)」, 「一, 예쁜 것 고부타 지요쓰타토모(奇麗ナ事 コブタ　チヨツタトモ)」라고 나와 있다. 「도보라오라(トボラヲラ)」도 마찬가지로 「一, 데리고 오라 도보라오라(一、連テコイ　トボラヲラ)」라는 항목이 있으므로 「가쿠세이」의 의미를 도출할 수 있다. 시부 씨는 앞에서 말한 바와 같이 「미인」이라고 해석하였으나, 엄밀히 말하자면 이 문장 속의 「가쿠세이」는 「여자」에 해당한다고 보아야 할 것이다. 한편 이 자료에는 「테루마」에 관한 용례는 포함되어 있지 않다.

본고는 이와 같은 연구 현황을 토대로 하여 「테루마・가쿠세이」에 대해 재검토 할 생각인데, 먼저 지금까지 언급된 적이 없는 문헌을 살펴보는 것부터 시작하고자 한다.

---

15 志部昭平 氏, 「陰徳記 高麗詞之事について──文禄慶長の役における仮名書き朝鮮語資料──」(『朝鮮学報』128, 1988.7). 이와 함께 中村栄孝 氏 『朝鮮　風土・民族・伝統』(吉川弘文館, 1971. 10.)을 참조하여 히젠노쿠니 히라도(肥前国平戸)의 무장 마쓰라 시게노부(松浦鎮信)(히라도(平戸) 번 초대 번주)가 조선에서 데리고 온 여성이 아름다워서 「가쿠세이」라고 불렸다는 이야기를 소개했다.

히고·히토요시 번(肥後·人吉藩)의 우메야마 무잇켄(梅山無一軒)(니시
마사모리(西昌盛))이 번주인 사가라(相良) 가문의 선조 나가요리(長頼)부터
제23대 당주 요리토미(頼福)(제4대 번주) 때까지 있었던 일을 정리한 편
찬사서『난토만멘로쿠(南藤蔓綿録)』에 다음과 같은 글이 쓰여 있다.[16]

一, 게이초 2년 유(酉) 7월 14일, 「가라 섬」의 「번선(番船)」(경호선)을
토벌하기로 결의하고 다이묘(大名)들이 모두 돌진했다. 사도(佐
渡) 지역의 수장인 도도(藤堂)님, 좌마(左馬) 차관인 가토(加藤)님
이렇게 두 분이 대장이 되었다. 「가라 섬」에는 「번선」이 300척
있었는데, 일본군이 배로 몰려와 「번선」으로 옮겨 타서는 조선
사람을 한명도 남김없이 무찔렀다.……요리후사(頼房)님이 「「미
고리(見コリ)를 하기 위해 「테루마」를 한 명 그 배에 태워서 원래
있던 곳으로 보내라」고 말씀하셨기 때문에 「안고라이(アン高麗)」
로 되돌려 보냈다. 고려에서는 남자를 「테루마」라고 하고, 여자
를 「가쿠세이」라고 한다.

【원문】

一、慶長二年酉七月十四日、カラ島番船崩シ成サルヘキモノ評定ニテ大
名衆何レモ御向成サレ、藤堂佐渡守殿、加藤左馬介殿両人御大将
ニテカラ島へ番船三百艘居候、日本勢モ船ニテ押懸リ、番船ニ乗移
リ、朝鮮人壱人モ残ラズナデ切也、……頼房公仰ラレ候ハ、「見コリ

16 高田素次 校訂·解題,『南藤蔓綿録』(肥後国史料叢書第三巻, 青潮社, 1977. 12),
pp.181-182

ノ為ニ候間、テルマヲ壱人其船ニ乗セ候テ、己カ本陣ニ帰シ候へ」ト
テ、アン高麗へ御返シ成サレ候、高麗ニテハ男ヲテルマト申シ、女ヲ
カクセイト申候也、　　　　　（『南藤蔓綿録』巻之八「或記朝鮮御陣ノ事」）

　위의 책은 1800년 초반에 히토요시 번 안팎에 전해지는 여러 사
료를 참조하여 만들어졌는데, 위의 글도 「어떤 책(或記)」에 의거했다
고 쓰여 있다. 여기에는 게이초 2년(1597) 7월 14일부터 가라 섬(거제
도) 부근에서 전개된 해전(싯센료 전투(漆川梁の戦い))에서 일본측이 압승
을 하자 사가라 가문의 당주인 요리후사(훗날 히토요시 번 초대 번주)가
상대방에게 「미고리」('본보기'라는 뜻)로서 「테루마」한사람을 배에
태워 「안고라이」(안골포)로 다시 보내라고 지시했다고 쓰여 있다. 특
히 이 다음에 나오는 이중선으로 밑줄친 부분이 주목된다. 바로 조
선에서는 남자와 여자를 각각 「테루마」「가쿠세이」라고 부른다는
문장이다. 여기에서는 명확하게 「테루마」가 남성을 가리키고, 「테
루마」「가쿠세이」가 남녀라는 의미로서 한 쌍을 이루는 개념으로
간주되고 있다.

　『난토만멘로쿠(南藤蔓綿録)』의 이 글은 같은 편자가 만든 또 다른
편찬사서 『레키다이시세이도쿠슈란(歴代嗣誠独集覧)』에 계승되었다[17]
아래에 같은 사건을 기술한 장면을 인용한다.[18]

17　성립의 순서에 대해서는 두 책의 해제가 서로 다른 견해를 제시하고 있다. 다만
　　뒤에서 말하는 『다이코키(太閤記)』와의 관계를 감안하면, 『난토만멘로쿠(南藤
　　蔓綿録)』를 바탕으로 하여 『레키다이시세이도쿠슈란(歴代嗣誠独集覧)』이 완성
　　되었다고 보는 게 타당하다. 따라서 여기에서는 「계승」이라는 표현을 썼다.
18　相良村誌編纂委員会 編, 『歴代嗣誠独集覧』(相良村, 1995.3), p.195.

一, 게이초 2년 6월 24일 「번선」(경호선)이 고모가이 포(熊川浦)에 대
거 몰려와 있다는 연락이 와서 이키(壱岐) 지역의 수장인 모리(毛
利) 진영에서 회의를 했다. 사도(佐土) 지역의 수장인 도도(藤堂)
와 좌마(左馬) 차관인 가토(加藤) 두 사람이 대장이 되어 수백척
의 「번선」을 쫓을 배를 준비하고, 철포를 쏘며 집요하게 공격하
자, 번선은 가라 섬(唐島)을 향해 도망갔다. 모리(毛利)・아키즈키
(秋月)・시마즈(島津)・다카하시(高橋)・이토(伊東)・사가라(相良)
그리고 그 외의 많은 사람들이 적의 배에 옮겨 타서 적을 한명
도 남기지 않고 무찔렀다. 그 중에서도 사가라 궁내대부(宮内大
夫)가 혼신의 힘을 다하여 싸운 결과 적의 배 3척을 무찔렀다.
이 때 사가라 가문의 신하인 이나도메사에몬(稲留左衛門)이 전사
했다. 사가라 요리후사는 「테루마(照ル麻)」를 한명 잡아 배에 태
워 원래 있었던 진영으로 보냈다. 이는 「미고리(見懲り)」를 위해
서였다고 한다. 한편 조선에서는 남자를 「테루마(照ル麻)」, 여
자를 「가쿠세이(覚姓)」라고 부른다고 한다. <이는 다이코키(太
閤記)에 있다>.

【원문】

一、慶長二年六月廿四日、番船熊川ノ浦ニ充満スト注進ニ因テ、毛利壱
岐守ノ陣所ニ於テ有二評議一、藤堂佐土守・加藤左馬助両大将数百
艘ノ番船ヲ拵二追舟ヿ、討二懸鉄炮ヿ手滋ク責ケル故、差ヲ唐島ヲ漕
行クヲ、毛利・秋月・島津・高橋・伊東・相良、其外多勢ヲ以敵船ニ乗
移リ、敵一人モ無ク討取、中ニモ相良宮内大夫、粉骨ニテ敵船三艘

切取、此時相良家臣稲留左衛門討死ス、頼房捕ニ照ル麻ヲ一人ニ、乗
セ舟ニ帰ニ本陳ニ、是ハ為ニ見懲ニト也、但朝鮮ニテ男ヲ照ル麻、女
ヲ覚姓ト言也 <見ニ太閤記ニ>。   (『歴代嗣誠独集覧』巻之十二)

여기에서는「테루마」가「照ル麻」로 표기되어 있다(밑줄 부분). 또한 되돌려 보낸「테루마」가 요리후사가 직접 잡은 사람이었다고 명기한 점은『난토만멘로쿠』와 다르지만, 같은 사건이 기술되어 있다. 그리고 여기에서도「테루마」「가쿠세이」가 남자와 여자를 가리킨다는 설명이 있다. 또한 글의 마지막 부분에는「다이코키(太閤記)에 있다」는 부가 설명이 있는데, 그러나『다이코키(太閤記)』를 보면「테루마·가쿠세이」와 관련된 사항이 쓰여 있지 않다. 이 부가설명은 편자가 이 책을 편찬할 때『다이코키』를 참조해서『난토만멘로쿠』와는 다른 요소를 포함한 글로 개정했다는 것을 의미하는 듯 하다. 예를 들면 이 사건의 날짜가 두 문헌에서 다르게 쓰여 있는데, 이 책에 쓰여진 6월 24일은『다이코키』권14의「어조선국선군지사(於朝鮮国船軍之事)」에 있는 날짜와 일치하는 것으로 보아,『다이코키』의 해당부분을 참고하여 개정한 것으로 생각된다. 다른 한편, 앞에서 인용한『난토만멘로쿠』의 글은 후세의 정보·이해가 혼입되기 전에, 이 전란에 가까운 시기의 기록에서 유래했을 가능성이 높다.

이와 같은 글들을 기반으로 생각하면, 지금까지 여성을 의미한다고 추정해 온「테루마」가 실은 남성을 가리키는 말이었다고 하지 않을 수 없다. 그리고「테루마」와「가쿠세이」가 남녀라는 측면에서 하나의 쌍을 이루는 존재로 간주되어 표기해온 것임을 알 수 있다.

여러 문헌에 「테루마·가쿠세이」의 조합으로 표기되어 있는데, 반드시 「테루마」→「가쿠세이」의 순서로 나열되어 있고, 그 반대 순서로 쓰인 것이 없다는 사실도 당시의 가치관과 사고법, 관용적인 표현 등에 비추어보면 자연스럽게 이해된다.

그렇다면 여기에서 다시 한 번 후지키 씨가 「테루마」를 여성이라고 생각한 근거를 검증해 두지 않으면 안 될 것이다. 후지키 씨는 시마즈(島津)군에 소속된 오시마 다다야스(大島忠泰)가 보낸 서신에서 「테루마」에 대해서 「하녀로 쓸만한 사람」이라고 말했다는 점을 들어[19] 여성으로 간주하고 있는데, 과연 이 해석이 타당한 것인가?[20]

> ……그 「쇼사에몬(せうさへもん)」이 귀국할 때 보낸 편지는 정월 29일에 쓴 것입니다. 또 10월 15일에 「유노오(ゆの尾)」(주: 湯之尾. 지명)에서 보내주신 편지는 동월 30일에 도착했습니다. 그 편지 내용을 보니 건강하신 것 같아 반가웠습니다. 거기에 「오쿠치(大口)」(주: 지명) 누님도 계시는지요. 편지를 받았습니다. 더욱 기쁜 일입니다. <u>또한 테루마·가쿠세이는 도착했습니까? 대단히 경사스러운 일입니다. 「가쿠에몬(かくゑもん)」을 귀국시켰으니, (그에게 말해서) 도착했는지 어떤지 들려주시면 감사하겠습니다.</u> 《A》 그 때 「고가쿠세이」를 한 명 보냈습니다. 딸에게 주십시오. 《B》 또 여기에 11살이 되는 사람을 한명 구해

---

19 주2) 전게서 p.63. 앞에서 인용한『조센니치니치키(朝鮮日々記)』의 주석도 이 책에 의거한다.

20 후지키(藤木) 씨는 이 글을『규키자쓰로쿠(旧記雑録) 후편 2』에서 인용하였으나, 근래 오시마(大島) 가문에 다다야스(忠泰)의 자필 글이 전해지고 있음이 확인되었다. 여기에서는 다다야스 자필 글(개인 소장, 레이메이칸(黎明館) 보관)에서 인용했다.

서 부리고 있습니다만, 학질에 걸렸습니다. 또 요즈음 역병에 걸려 버려서 불쌍할 뿐입니다. 지금 같은 상태라면 죽을지도 모릅니다. 《C》 「고모지(こもし)」(주: 사람을 가리킴)에게도 「테루마」를 한명 구해서 보낼 생각입니다. 《D》 「주자에몬노조(拾左衛門尉)」에게 하녀로 쓸 만한 사람을 한명 구해서 보낼 생각입니다만, 요즘 가덕도에 있느라고 못 하고 있습니다.……바로 「보쿠(ぼく)」(주: 미상)에게 하인을 보내서, 구해지면 보내겠습니다. 그러나 쉬운 일은 아닙니다. 《E》 「오쿠치노메이우에(大口のめい上)」에게도 보낼 생각입니다만, 앞에서 말한 그런 상황입니다.……

【원문】

……かのせうさへもんきちう゠遣候ふミハ、正月廿九日゠したゝめ申候、又十月十五日のふみ、ゆの尾のたより゠御遣候ハ、同卅日゠とゝき候、くハしく見申候て、其方さかしくとも候よし、うれしく候、其時分、大口のあね上もそこもとへおハし候つるや、ふミ給候、一たん／＼うもしニ候、又てるま、かくせいとゝき候か、めてたく／＼、かくゑもんきちうさせ候、とゝき候やうけ給たく候、《A》その折ふし、こかくせい一人遣候、むすめへ御つかハし有へく候、《B》又候此方へ十一ニなる一人、もとめてめし置候、おこりふるい候、又此比ハやくひやうやミ候て、せうし゠候、今ふんならハしに申へく候、《C》こもしへもてるま一人もとめつかハすへく候、《D》拾左衛門尉とのへ下女゠まかりなるへき一人とり候て、まいらせたく存候へとも、此中ハかとくへゐ候まゝ、まかりならす候、しせん゠候時もうちん、はんまいとゝのへ候まゝ、事ならす候、やかてぼくニ内衆つかハし候て、とり候ハゝまいらせへく候、たゝしほんならす

候、《E》大口のめい上へもつかいしたく存候へとも、ミきニ申ことくに候、……

(「大島忠泰書状」)

위 서신의 인용문은 「테루마 · 가쿠세이」의 거래와 관련한 부분 (밑줄 부분)의 맥락을 파악하기 쉽도록 조금 앞에서부터 인용해 두었다. 여기에는 가덕도에 있던 다다야스(忠泰)가 「가쿠에몬」에게 지시하여 고국으로 보낸 「테루마 · 가쿠세이」가 무사히 도착했는지를 묻고, 《A》~《E》까지의 내용이 나와 있다. 개요를 보면 《A》「딸」에게는 「고가쿠세이」를 전달해주었으면 좋겠다, 《B》 다다야스가 부리고 있는 「11살이 되는 사람 한 명」이 역병에 걸려 죽을 것 같다, 《C》「고모지」라는 인물에게도 「테루마」를 한명 보낼 생각이다, 《D》「주자에몬노조」라는 사람에게도 「하녀로 쓸 만한 사람을 한 명」보내고 싶은데, 가덕도에 있어서 지금은 구하기가 어렵지만, 구해지면 보낼 생각이다, 《E》「오쿠치노메이우에」에게도 보내고 싶지만, 앞에서 말한대로 이런 상황인지라 (바로 보낼 수는 없다), 등의 내용이다.

이 중에서 《A》는 「고가쿠세이」, 《C》는 「테루마」에 관한 발언이라는 것을 알 수 있다. 하지만 밑줄친 부분이 전체적으로 「테루마 · 가쿠세이」에 관한 이야기라는 점, 《A》~《E》의 내용이 병렬적인 것이지 「테루마」→「가쿠세이」의 순서로 화제를 삼은 것이 아니라는 점 등을 감안하면, 《B》《D》《E》의 화제가 「테루마」인지 「가쿠세이」인지 혹은 양쪽 모두를 포함한 것인지 바로 판별하기 어렵다. 《B》가 「또」로 시작되었다는 점을 중시한다면 《A》에 이어지는 내용으로서 「가쿠세이」에 대한 이야기일 것이라는 추측이 가능하지만, 이 것도 확정할 수는 없다. 이러한 글의 구성에서 《D》에 보이는 「하녀로 쓸만한 사람」을 「테루마」를 가리키는 문장으로 읽기에, 논자로서는 주저하지 않을 수 없다.

게다가 앞에서 소개한 『난토만멘로쿠』 등의 글을 근거로 본다면, 「하녀로 쓸만한 사람」이라고 표현된 이상, 《D》는 남성을 의미하는 「테루마」가 아니라 「가쿠세이」에 관한 화제로 보는 것이 자연스럽다.

따라서 《D》의 표현은 「테루마」를 여성으로 해석할 근거가 되지 못한다. 서신의 해석으로서는 《D》는 「가쿠세이」이고, 《B》와 《E》에서 다다야스의 머릿속에 있었던 것은 「테루마・가쿠세이」의 양쪽이거나, 혹은 그 어느 한쪽이었다고 할지라고 이 장면만으로는 단정지을 수 없다는 해석이 타당하다.

이와 같이 「테루마」는 성별을 나누자면 남성을 의미하는 말로 보아야 할 것이다.

4. 전장(戰場) 용어로서의 「테루마・가쿠세이」

다음으로 여러 자료의 글을 실마리로 삼아 「테루마・가쿠세이」라는 말에 동반되는 개념을 가능한 한 파헤쳐 보고자 한다.

「테루마・가쿠세이」라는 말은, 시마즈 가문 문서와 시마즈 가문에 소속된 「오시마 다다야스 서장(大島忠泰書状)」, 교넨(慶念)의 『조센니치니치키(朝鮮日々記)』, 『휴가키(日向記)』, 사가라 가문 문서에 포함

된 고니시 유키나가(小西行長)・데라사와 마사나리(寺澤正成)의 연서장
(連署狀), 『난토만멘로쿠』등에 나온다. 사쓰마・시마즈 가문, 분고우
스키(豊後日杵)・오타(太田) 가문, 휴가(日向)・이토(伊東) 가문, 히고 히
토요시・사가라 가문의 관계자 주변에 이러한 말이 사용되었던 것
이다. 다만 이 말들은 원래 조선어의 음을 귀로 듣고 일본어 문자인
가나(仮名)로 표기한 것이기 때문에, 일상적인 생활거점과 출병 시
소속된 집단이 서로 다른 사람들이 이 말들을 완전히 같은 형태로
표기했다는 것 그 자체가 관찰해 볼만한 가치가 있다. 왜냐하면 예
를 들어 근세기 이후에 다수 제작된 각양각색의 소위「조선어를 가
나(仮名) 로 표기한 자료(朝鮮語仮名書き資料)」 중에는 같은 단어라도 그
음을 어떻게 들었느냐에 따라 가나(仮名) 표기가 달라지는 현상이
빈번하게 일어나고 있기 때문이다.[21] 원래 일본어에는 없는 발음을
듣고 적는 것이기 때문에, 조선어 학습을 위한 저작물은 물론이거
니와, 그렇지 않은 일반서에서는 표기가 달라지는 현상이 한층 더
강하게 나타나는 것이 지극히 자연스러울 것이다. 물론 듣는 사람
이 조선어를 얼마나 알고 있는지와도 관련이 있다.[22]

외국어를 듣고 인식하는 과정에서는 이렇게 표기에 차이가 나는

---

21 이 밖에도 전본 간의 필사 오류, 방언 차이 등의 이유도 있을 수 있다.
22 예를 들면 1부터 10까지의 고유 수사에 대해서「한나/도오루/소이/도이/다소/
   요소/지루코후/요토로구/아호부/에루(はんな/とをる/そい/とい/たそ/よそ/ぢるこふ/
   よとろぐ/あほぶ/ゑる)」(『와칸산사이즈에(和漢三才図会)』卷之十三),「하나/도오
   루/사오이/도오이/다소/요소/지루코부/요토루/아호우/에쿠(はな/とをる/さをい/
   どをい/たそ/よそ/ぢるこふ/よとる/あほう/ゑく(『간에이효류키(寛永漂流記)』),「하나/
   도루/소이/도이/다쓰/요쓰/시리코부/요타로후/아호부/에루(ハナ/トル/ソイ/トイ/
   タツ/ヨツ/シリコブ/ヨタロフ/アホブ/エル)」(「조센힛키(朝鮮筆記)」)와 같은 예가 있다.

65

현상이 어쩔 수 없이 동반되기 마련인데, 그럼에도 불구하고 「테루마·가쿠세이」는 서로 다른 여러 집단의 사람들이 조금의 차이도 없이 사용하고 있다. 「각시」라는 발음이 곧바로 「가쿠세이(かくせい)」가 되기 어렵다는 점에 유의할 필요가 있다. 이로부터 추측하건대 이 말들은 각 집단의 사람들이 개별적인 국면에서 각각 듣고 그것을 문자화하여 사용한 것은 아닐 것이다. 어떤 개념을 의미하는 단어로서, 이미 사용자들이 명확히 이해하고, 문자표기를 포함하여 널리 공유된 용어가 각각의 문헌에 사용되었다고 생각해야만 한다.

이와 관련하여 「사가라 가문 문서(相良家文書)」의 예에서는 그 발신원이 도요토미(豊臣) 정권 중추에 가까운 사람들 즉 고니시 유키나가(小西行長), 데라사와 마사나리(寺澤正成)라는 점이 주목된다. 또한 한반도로 건너오기에 앞서서 고위급 장수들에게 조선어를 잘 아는 쓰시마(対馬) 사람들을 통역사로 배당했다는 사실이 잘 알려져 있다.[23] 여기에서 통역과 지도(지명 정보를 포함) 등과 함께, 이러한 말이 이 전쟁에서 실제로 사용하기 위한 일종의 전장(戰場) 용어로서, 통역 등을 통해 여러 군대에 알려지고 널리 공유된 당시의 상황을 짐작할 수 있다.

「테루마·가쿠세이」가 이러한 전장 용어인 이상, 원래 조선어가 가지는 의미와는 달리 일본어화한 「테루마·가쿠세이」의 의미를 밝혀 둘 필요가 있다. 예를 들어 「가쿠세이」의 경우에, 조선어 「각

---

23 中村栄孝 氏, 『日鮮関係史の研究 中』(吉川弘文館, 1969.8), pp.139-148.

시」의 의미를 그대로 「가쿠세이」에 대입시킨다 하더라도, 그 개념을 정확히 나타내지 못할 가능성이 있다. 또 뒷부분에서 언급하겠지만, 근세 일본에서 제작된 것으로 조선어가 들어가 있는 문헌류에 나오는 「테루마·가쿠세이」를 참조할 때도 이들이 조선어 「테루마·가쿠세이」의 사전적 어의(語義)라는 것을 배려할 필요가 있다. 지금 이 부분에서 목표로 하는 것은 분로쿠·게이초의 전란 중에 일본군 사이에서 사용된 「테루마·가쿠세이」의 의미 개념을 파헤치는 것이다.

지금까지 검토한 결과 「테루마」는 조선 남자, 「가쿠세이」는 조선 여자를 의미한다는 것을 확인했다. 이를 토대로 하여 이제부터 「테루마·가쿠세이」가 각각 조선의 남자와 여자 그 전반을 의미하는지를 확인해 보고자 한다. 여기에서 다시 한 번 「사가라 가문 문서」에 들어 있는 「고니시 유키나가(小西行長)·데라사와 마사나리(寺澤正成) 연서장(連署狀)」을 검토하고자 한다.

　　　이상
　특히 말씀 드립니다. 「사루미(さるミ)」를 일본에 보내는 것은 법으로 금지되어 있습니다. 유격(遊擊)장군의 통역사를 같이 보냅니다. <u>당신의 성에 붙잡혀 있는 「사루미, 테루마, 가쿠세이」의 수를 확인하여, 이 자에게 보고하고,</u> 부교(奉行)에게 명령하시어 「사루미」를 받으십시오. 일본에서 온 조닌(町人) 이하의 자들이 사두는 것에 대해서도 이와 똑같은 대응을 할 것이라는 점을 일러 두라고 해 주십시오. 삼가 아룁니다.

시마(志摩) 지역 수장 데라사와(寺澤)

7월 4일 　　　　　　　　　　　마사나리(正成) (화압(花押))

셋쓰(摂津) 지역 수장 고니시(小西)

유키나리(行長)

사가라 궁내소보 전(相良宮内少輔殿)

어진소(御陣所)

【원문】

　以上

　態申入候、さるミ日本ヘ被遣候儀、御法度之儀ニ候、遊撃通事被相添
候、其元城廻さるミ、てるま、かくせい数為改、此者進之候、奉行被仰付、
さるミ可被請取置候、日本ら来在之町人以下買取候て置候も、同前之事候
条、能々可被仰付候、恐々謹言、

寺志广

七月四日　　　　　　　　　　　正成(花押)

小摂津

行長

相良宮内少輔殿

御陣所

(「小西行長寺澤正成連署状」・「相良家文書」七二八)

이 문서는 분로쿠 4년(1595)에 강화 실현을 목전에 두고, 「사루미
(さるミ)」의 일본 연행을 금지하라고 지시한 것이다. 여기에서 주목되

는 표현은 「사루미」와 「테루마, 가쿠세이」를 병렬해서 썼다는 점이
다. 「사루미」의 원어는 「사름」(『신증유합(新增類合) 상권·16b)이며 사람
일반을 의미한다. 이 말도 여러 자료에 공유되어 나타난 용어이다.
위의 인용문 첫 부분의 「사루미」는 바로 이 의미로 사용된 것이다.
하지만 만약 밑줄 부분의 「사루미」를 「(조선) 사람」, 「테루마·가
쿠세이」를 조선의 남자·여자라는 의미로 파악하고 이 문장을 읽
으면, 「조선의 사람과 남자와 여자」의 숫자를 확인한다는 의미가
되기 때문에, 표현적인 면에서 위화감이 있다. 「테루마·가쿠세이」
자체가 「조선의」라는 의미를 내포하고 있으므로 밑줄 친 부분을
「사루미(조선사람들) 중의 테루마와 가쿠세이」라는 뜻도 부자연스럽
다. 또 단순히 남녀의 수를 구별하라고 지시한 것이라면 굳이 「사루
미」라는 말을 앞에 붙일 필요가 없다. 즉 이 「사루미」는 조선사람이
라는 의미 이외의 뜻으로 사용된 것이고, 그것이 「테루마·가쿠세
이」와 병존할 수 있는 내용이라는 이야기가 된다.

아래에서 『휴가키(日向記)』의 용례를 검토해 보고자 한다.

一, 이토 스케타케(伊東祐兵) 님은 도읍지에서 1리 떨어진 성에 살던
    중국 군인들을 쫓아내고, 동년 2월부터 마쓰야마(松山)에 진지
    를 틀었다. 그때 말 식량이 떨어져서 곤란한 지경에 처했다. 그
    러자 스케타케 님은 가리야바루 진우에몬(仮屋原甚右衛門)을 불러
    서 「어제 시마즈 마타지로(島津又次郎)의 집안 사람이 대두를 구
    하러 나갔다가, 「가라히토(唐人)」가 떼지어 나타나서 활을 쏘며
    쫓아내는 바람에, 몇 명이 부상을 입은 채 아무것도 못 구하고

돌아왔다고 한다. 네가 잘 생각해서 뗏목을 만들고 「모쿠소 강
(モクソ川)을 건너서 대두를 구해 오너라. 경호를 위해 철포와 병
사 15명을 보내 주겠다」고 말씀하셨다. 가리야바루는 어렵겠
다고 생각했지만, 안된다고 할 수는 없었기 때문에, 그곳을 나와
서 「모쿠소 강」을 건너 대두 25석(石)을 손에 넣었다. <u>그리고 「테
루마・가쿠세이의 향민(郷民) 등」 18명을 잡아서 돌아왔다고
한다.</u> ……

【원문】

一、伊東祐兵主、都ヨリ一里アル松山ト云城ヘ中国衆居ラレケルヲ除玉
　　ヒ、同年ノ二月ヨリ松山ヘ在陣也、此節馬料尽テ難儀ニ及フ、因茲
　　祐兵主、仮屋原甚右衛門尉満次ヲ呼仰ケルハ、昨日島津又次郎家
　　中ノ者、大豆求メニ出ルトイヘトモ、唐人多人数出テ半弓ヲ以テ射タ
　　テ、是ヲ追故、手負数人出来、空ク陣屋ニ返ル由聞、汝才覚ヲ以
　　テ、イカタヲクミ、モクソ川ヲ渡シ、大豆ヲ求テ返ルヘシ、警固ノタメ
　　鉄炮足軽十五人指添ラルハ由ナリ、仮屋原難ノ事トハ思ヒケレトモ辞ス
　　ヘキ様モナク、陣屋ヲ出、モクソ川ヲ渡シ、大豆弐十五石ヲ得、<u>其
　　上テルマ・カクセイノ郷民等十八人ヲ捕ヘテ返ルトナリ</u>、……

(『日向記』巻之十一)

　　문장 안에 있는 「동년」은 분로쿠 2년(1592)이다. 여기에는 이토
스케타카(伊東祐兵)(훗날 초대 오비(飫肥) 번주)의 지시를 받은 가리야바루
진우에몬(仮屋原甚右衛門)이 뗏목을 만든 다음 강을 건너서, 말에게 먹

일 대두를 25석(石)이나 가지고 왔을 뿐 아니라, 「테루마・가쿠세이의 향민(鄕民) 등 18명」을 잡아왔다는 이야기가 쓰여 있다. 여기에서도 단순히 「향민 등 18명」이라고 쓰지 않고 「테루마・가쿠세이」를 붙인 점이 주목된다. 이는 「테루마・가쿠세이」라는 용어와 그 개념이 염두에 있었기 때문이야말로 나온 표현이다. 또한 이 문구는 「테루마・가쿠세이에 해당하는 향민 등 18명」이라는 의미이기 때문에, 단순히 남녀를 의미하는 것이 아니라 조금 더 한정적인 의미가 있음을 암시한다.

여기에서 앞에서 인용한 오시마 다다야스(大島忠泰)의 서신에 나온 표현을 다시 한 번 검토해 보자. 《B》에 「11살이 되는 사람」을 다다야스가 부리고 있다고 했다. 전술한 바와 같이 《B》가 「테루마」「가쿠세이」 중에 어느 쪽을 가리키는지는 특정하기 어렵지만, 「테루마・가쿠세이」가 남녀의 차이를 축으로 한 한쌍의 개념이기 때문에, 《B》가 어느 쪽인지와는 상관 없이 「테루마・가쿠세이」가 11살 아이를 포함해도 위화감이 없는 개념이라는 것을 알 수 있다. 또 다다야스는 「가쿠세이」와는 별개로 「고가쿠세이」라는 말도 사용하고 있는데(《A》), 일본어 「고(こ)」에 작다는 뜻이 있다는 걸 감안하여 이를 「작은 가쿠세이」라고 이해한다면, 「고가쿠세이」는 10살보다도 훨씬 어린 아이 즉 유아가 아닌가 하는 예측이 가능한다. 이렇게 보면 「테루마・가쿠세이」란 유아기를 지난 10세 전후의 연령층을 가리키는 용어라고 생각된다.

위와 같은 추론을 하자면, 이와 관련 있는 글이 『조센진 교레쓰(朝鮮人行列)』(외제(外題) 「朝鮮人行列記 全」). (일본) 국립국회도서관 소장. 쇼토쿠(正

71

德) 원년<1711> 8월 중순 간행)에 들어 있다. 아래에 관련 부분을 발췌하여 게재한다.

……테루모(てるも)란 고도모(子ども)를 말한다. 치고(ちこ)를 보고 게이테이(けいてい)라고 한다. 와카슈(わか衆)를 보고 시요토우(しよとう)라고 한다. 「여자」를 보면 「가쿠세이(かくせい)」라고 한다.……

【원문】

……てるもとハ子ともの事、ちこをみてハけいていと云、わか衆をみれハしよとうといふ、女をみてハかくせいと云、……　　　　　　　　(『朝鮮人行列』)

이 책은 소위 조선어를 가나(仮名)로 표기한 자료 중의 하나이다. 이를 소개한 미노와 요시쓰구(箕輪吉次) 씨에 따르면, 이 안에는 실은 중국어 어휘도 포함되어 있다고 한다.[24] 따라서 이 점은 유의할 필요가 있으나, 먼저 밑줄 친 부분을 보면, 「테루모(てるも)」라는 어휘가 아이를 뜻한다는 구절이 주목된다. 위의 문장은 「고도모(子ども)」(아이)→「치고(ちこ)」→「와카슈(わか衆)」의 순서로 배열되어 있는 것으로 보아 연령의 차이에 따른 호칭 구분을 문제시 하고 있음을 알 수 있다. 그 다음이 「가쿠세이」이기 때문에 인용부분은 젊은 남녀 세대에 관한 어휘군으로 생각된다. 또한 발음이 비슷한 것을 감안한다

24　箕輪吉次 氏, 「江戸時代通俗書における朝鮮語仮名書き」(『日語日文学研究』76-1, 2011.2). 미노와(箕輪) 씨는 「게이테이(けいてい)」의 「게(け)」를 판독 불가능한 글자로 취급하여 □로 처리하였으나, 원본을 확인한 바 「게(け)」라고 생각된다.

면 이 「테루모」는 「테루마」와 같은 말이라고 보아도 좋을 것이다. 따라서 「테루마」는 아이를 나타내는 개념이라고 볼 수 있다.

이 책은 조선어 단어의 뜻을 설명하는 것이기 때문에, 이 부분의 「치고(ちこ)」는 절이나 신사, 귀족집에서 부리는 하인이 아니라, 유아・소아 일반을 가리키는 의미로 해석하는 것이 자연스럽다. 또 「와카슈(わか衆)」의 사전적 의미는 「나이가 젊은 사람. 젊은이. 특히 성인식을 하기 전의 남자.」(『일본국어대사전 제2판(日本国語大辞典 第二版)』)이지만, 여기에서는 「고도모(子ども)」와 「치고(ちこ)」와 「와카슈(わか衆)」를 구분하고 있다는 점이 중요하다.[25] 구체적인 연령은 알 수 없지만, 「테루모」는 「치고」와 「와카슈」의 중간 쯤 되는 연령층의 아이를 가리키는 말로 사용되고 있다. 즉 여기에서도 「테루모 / 테루마」는 유아기를 지난 연령대의 아이라는 것을 확인할 수 있다. 그리고 이 3개의 어휘 다음에 나온 것이 「가쿠세이」(여자)이기 때문에, 3개의 어휘는 주로 남자를 염두에 둔 말로 인식되었을 것이다.

가나(仮名)로 표기된 조선어 자료 중에 「테루마」에 해당하는 어휘가 들어가 있는 것은 현재 이 용례밖에 확인되지 않아 아쉽지만, 이자료에 의하면 「테루마」는 아이를 가리키는 말이다. 이 어휘가 남성의 의미를 지니고 있다는 점을 함께 생각하면, 「테루마」란 구체적으로는 유아기를 지난 연령이지만 아직 「와카슈」로 불리는 연령대에는 달하지 않은 남자 아이라고 생각할 수 있다.

---

25 만약 「게이테이(けいてい)」「시요토우(しよとう)」가 중국어 어휘라고 해도, 「고도모(子ども)」가 「치고(ちこ)」「와카슈(わか衆)」와 다르다는 판단에는 영향을 미치지 않는다.

이렇게 「테루마」를 남자 아이를 나타내는 말로 간주했을 때, 여러 문헌에 등장하는 표현이 위화감 없이 읽혀지는지 다시 한 번 확인해 보자. 앞에서 예시한 「고니시 유키나가・데라사와 마사나리 연서장(小西行長寺澤正成連署状)」(「사가라 가문 문서」)에 「사루미, 테루마, 가쿠세이」라고 되어 있었는데, 이는 「사루미」(어른), 「테루마・가쿠세이」(남자아이・여자아이)라는 의미로 병렬한 것이다. 또 『휴가키(日向記)』에는 「「테루마・가쿠세이의 향민(郷民) 등 18명」이라고 되어 있는데, 이는 「(조선의 남자아이・여자아이를 가리키는) 테루마・가쿠세이에 해당하는 향민들 18명」이라는 뜻으로 해석할 수 있다.

앞에서 『난토만멘로쿠(南藤蔓綿録)』와 『레키다이시세이도쿠슈란(歴代嗣誠独集覧)』에 나온 이야기 즉 사가라 요리후사(相良頼房)가 「테루마」를 한 명 상대방 쪽에 되돌려 보냈다는 글을 검토했는데, 이는 잡혀온 남자 아이 한명을 본보기로 되돌려 보낸 사건이었다고 풀이할 수 있다. 되돌려 보낸 것이 (어른) 남성이라고 해석할지, 남자 아이라고 해석할지에 따라 이 사건과 요리후사에 대한 이해 및 인상이 상당히 변화하기 때문이다.[26]

한 편 이 글 말미에는 「조선에서는 남자를 「테루마」, 여자를 「가쿠세이」라고 한다」고 되어 있었다. 「테루마・가쿠세이」가 아이를 가리키는 말이라는 점에 비추어 본다면, 이 문장이 분로쿠・게이초 전란 당시의 표현이 아니라, 원래의 어의가 애매해진 후세에 와서

---

26 다만, 오늘날의 관점에서 본다면 잔혹하지만, 당시에는 이러한 일을 했다고 해서 그 무장의 평가가 내려가지는 않는다. 적에 대한 잔혹한 처사는 그 무장의 무용(武勇)을 돋보이게 하는 표현으로 기능하는 측면이 있다.

아마도 이 책의 편자가 붙인 것일 것이다. 이러한 해석은 전란 당시의 개념과는 구별해 둘 필요가 있다.

이상과 같이 「테루마 · 가쿠세이」는 원래 유아기는 지났으나 「와카슈」는 되지 않은 연령층, 굳이 말한다면 10세 전후부터 기껏해야 14, 15세 정도까지의 조선의 남자아이, 여자아이를 가리키는 개념이었다고 사료된다. 이미 알려져 있는 다른 용례에 대해서도 이와 같은 관점에서 다시 해석할 필요가 있다.

5. 「테루마」의 유래

지금까지 「테루마 · 가쿠세이」의 의미 및 개념을 검토해 왔다. 마지막으로 이러한 어휘가 원래 어떤 조선어에서 유래했는지, 하나의 전망을 제시한다는 의미에서 언급해 두고자 한다.

「가쿠세이」의 어원이 조선어 「각시」라는 것은 시부 씨, 후지키 씨의 선행연구에서 이미 지적된 바 있다. 특히 시부 씨는 『신증유합(新增類合)』하권(21a)에서 한자 「姬」에 「각시」라는 설명이 달려 있다고 지적하였다.[27] 이로써 동시대에 확실히 존재했던 말이었음을 알 수 있다. 「가쿠세이」의 어원에 관해 여기에서 더 부가할 내용은 없다.

다른 한 편 「테루마」는 지금까지 그 유래가 밝혀지지 않았다. 그러나 어의(語義)가 좁혀짐에 따라 어느 정도 전망을 할 수 있게 되었

---

27 주15)시부(志部) 논문 p.48.

다. 이하에 여러 자료에서 산출한 가능성을 하나 제시하고자 한다.
또한 논자는 조선어사·일본어사가 전공이 아니기 때문에 어긋난
지적을 하거나 꼭 참조해야 할 자료를 검토하지 않았을지도 모른
다. 그렇지만 이 말은 특수한 어휘이기 때문에 향후에도 무엇인가
계기가 생기지 않는 한 본격적인 검토의 대상조차 되지 않을 지도
모른다. 그리고 무엇보다도 이 말들은 분로쿠·게이초 전란의 동
향과 큰 관련성을 가지고, 어떤 실감을 가지고 사용된, 이 시기와
이 전쟁을 상징하는 어휘라고 해도 좋다. 여러 분야에서 검토되고,
다음에 지적하는 사항들이 타당한지 다각적으로 검증되고, 필요에
따라서 갱신되기를 기대하며, 시안(試案)을 제시하고자 한다.

이 말은 원래 일본인이 듣고 가나(仮名)로 표기하여 써 둔 것이다.
따라서 어떻게 들렸는가 하는 문제와 함께 어떻게 표기가 가능했
는가 하는 문제도 유의할 필요가 있다.

이 문제를 탐색하는 데 있어서, 「테루마·가쿠세이」등과 마찬가
지로 일본인이 들은 조선어를 가나(仮名)로 표기한 자료가 참고가
된다. 이러한 소위 가나(仮名) 표기 조선어 자료군은 조선어사, 일본
어사 분야를 중심으로 자료의 발굴·소개 및 내용분석이 계속되고
있다.[28]

---

28 小倉進平 氏, 『国語及朝鮮語のため』(ウツボヤ書籍店, 1920)를 비롯하여, 京都大学
   文学部国語国文学研究室 編, 『弘治五年朝鮮板 伊路波』(京都大学国文学会, 1965.
   7), 李基文 氏, 「陰徳記高麗詞之事에 대하여」(『국어학』17, 1988), 石橋道秀 氏, 「
   「長崎朝鮮風土記全 附り薩摩聞書」——'仮名書き朝鮮語'(一)——」(『韓国言語文
   化研究』12, 2006.5), 朴賛基 氏, 『江戸時代の朝鮮通信使と日本文学』(臨川書店,
   2006) 등 다수의 성과가 있다. 岸田文隆 氏、箕輪吉次 氏의 관련연구에 대해서
   는 뒤에서 언급한다.

이러한 자료에는 때때로 「가쿠세이」가 등장한다. 『인토쿠키(陰徳記)』의 「고려사지사(高麗詞之事)」와 『조센진 교레쓰(朝鮮人行列)』의 용례는 앞에서 제시했는데, 이 밖에도 『조센진 라이초 기시키(朝鮮人来朝義式)』(쇼토쿠(正徳) 원년 〈1711〉 간행. 와세다(早稲田) 대학 도서관 소장)에 「……‘가쿠세이’란 여자를 뜻한다. ‘야구지우’란 용모를 뜻한다. 고부타 아름답다.……(カクセイ トハ 女之事、ヤグヂウ トハ きりやうの事、コブタ いつくしい)」라고 되어 있다. 같은 책에 인용된 조선가요의 첫머리에는 「스리스리. 안니야. 가쿠세니모스리(すりすり。あんにや。かくせにもすり)」가 있다.[29] 또 『엔쿄 호레키도 조센진 라이헤이키(延享宝暦度朝鮮人来聘記)』에 「……여자는 가쿠세이, 남자는 아□□, 엄마는 오유미, 노인은 오리본, ……예쁜 여자는 지요쓰타가쿠세이,……(女ハ カクセイ、男ハ ア□□、カ ハ ヲユミ、年寄ハ ヲリボン、……能女ハ チヨツタカクセイ)」[30]의 예가 있다. 또한 미노와 요시쓰구 씨의 소개에 의하면, 『조센 고쿠오 쇼칸 나라비니 신켄 모쿠로쿠(朝鮮国王書翰幷進献目録)』((일본) 국립공문서관 소장)에 「예쁜 여자를 ‘야구지우가쿠세이’라고 한다(よき女を、やぐぢうかくせいと云)」라고 되어 있다고 한다.[31]

한편 「테루마」의 용례는 앞에서 인용한 『조센진 교레쓰(朝鮮人行

29　箕輪吉次 氏, 「『朝鮮人來朝義式』について」(『日語日文学研究』62-2, 2007.8)가 그 성격을 논하고 있다.

30　頼祺一 監修・呉市入船山記念館 編, 『広島藩・朝鮮通信使来聘記』(呉市, 1990.3), pp.648-649.

31　箕輪吉次 氏, 「江戸時代通俗書における朝鮮語仮名書き」(『日語日文学研究』76-1, 2011.2). 미노와 씨 주(29) 논문. 원본 미확인. 「야쿠지우(やぐぢう)」는 앞에서 인용한 『조센지 라이초 기시키(朝鮮人來朝義式)』를 참조하면 용모를 뜻한다는 것을 알 수 있다.

列』((일본)국립국회도서관 소장)에 나온 예 하나밖에 보고되지 않았다. 「가쿠세이」를 언급한 문헌에서도 「테루마」를 언급하지 않는 경우가 많음을 알 수 있다. 근세 조선어를 배우거나 관심을 기울이던 사람들 사이에서는 이 말들이 대치되는 개념으로 인식되지 않았던 것이다. 원래 한반도에서 전쟁을 하기 위한 용어였던 「테루마・가쿠세이」는 전란이 끝나면 그 필요성이 없어진다. 임무를 다하고 차차 잊혀져 갔으나,[32] 근세 시대가 되어 외국어로서 조선어에 대한 관심이 높아지자 어학학습이라는 측면에서 「가쿠세이」라는 단어가 다시 한번 떠올랐을 것이라 추측된다. 이 때 왜 「테루마」는 재부상하지 않았는지 이 문제에 대해서는 잠시 후에 서술하겠다.

「테루마」의 어원・유래를 찾기 위해서는, 분로쿠・게이초 전란과 관련 있는 가나(仮名)로 쓴 조선어 어휘 중에서 「테루(てる)」「테(て)」라는 글자로 시작되는 어휘가 그 실마리가 되지는 않을까? 이러한 발상은 가고시마(鹿児島) 현립 도서관이 소장하는 2종류의 조선 옛지도를 열람했을 때 생겼다. 가고시마 현립 도서관은 이 지도를 「조선고도(소)(朝鮮古図(小))」와 「조선고도(대)(朝鮮古図(大))」라는 제목으로 관리하고 있는데, 둘 다 사쓰마 번(薩摩藩)의 가와카미(川上) 가문에 전래된 것이다. 전자는 가와카미 히사타쓰(川上久辰)가 조선에 출정했을 때 제작한 것으로서,[33] 16세기의 상황을 그린 원거도(原拠図)가 있다고 한다.[34] 후자에는 「斯朝鮮之絵図官家之以蔵本写之／元文五庚申

---

32 「테루마・가쿠세이」는 아이에서 어른으로 성장하면, 조선을 떠나서 산 생활이 길어짐에 따라, 그렇게 부를 필요성도 사라진다.
33 『鹿児島県史 第一巻』(鹿児島県, 1939. 4). 756페이지와 757페이지 사이에 도판이 게재되어 있다.

年仲夏三日」라는 글이 덧붙여져 있는데, 이 글에 따르면 겐분 5년
(1740)에 「관가(官家)」(사쓰마 번 창고)에 소장되어 있던 조선지도를 가와
카미 가문의 관계자가 옮겨 그린 것으로 보인다. 이 지도는 옮겨 그
린 연대가 오래되지 않았기 때문인지 지금까지 그렇게 중요하게
여겨지지 않았지만, 덧붙여진 글을 보건대 기재된 내용에는 일정
정도의 의의가 있다.

두 지도에는 팔도(八道)의 각 도(道)마다 원・사각형・육각형의 도
형을 그려 넣고 그 안에 각지의 지명이 한자로 기입되어 있다. 그리
고 그 한자 옆에 조선어 발음이 가타카나(片仮名)로 표기되어 있는 경
우가 많다. 이것도 또한 가나 표기 조선어 자료의 하나인 것이다.

「조선고도(대)」 안에 다음과 같은 기재가 있다(괄호 안이 방기(傍記)).

　　　　鉄原(테루온(テルヲン))　　＊강원도의 지명
　　　　鉄山(테루산(テルサン))　　＊평안도의 지명

먼저 「鉄」이라는 한자의 발음을 「테루(てる)」라고 통일해서 표기
한 점이 주목된다.[35] 「鉄」의 발음은 「테루(てる)」라고 표기되었을 가
능성이 있다. 또한 「哲・鐵」의 현재의 표기 및 발음은 「철」이지만,
16세기 후반의 표기는 「텰」(『신증유합(新增類合)』상권・27b)[36]이다. 그리

34　河村克典 氏, 「鹿児島県立図書館蔵「朝鮮古図」の記載内容と作成年代」(『新地理』47-2,
　　1999. 9). 가와무라 씨는 두 그림을 「같은 내용」이라고 언급했지만(p.47), 세부
　　를 보면 기재 내용에 차이가 있다.
35　「朝鮮古図(小)」에는 「鉄原」 옆에 「테쓰온(テツヲン)」이라고 써 있지만, 「鉄山」 옆
　　에는 안 써있다.

고 가나(仮名) 표기 조선어 자료에서 「테루(てる)」라고 표기되는 한자를 찾기 위해, 먼저 한자와 그 한자의 조선어 발음을 함께 수록한 문헌으로『신사기록발서 신사잡록(信使記録抜書 信使雑録)』(대한민국 국사편찬위원회 소장)을 검토해 보자.[37] 본서를 소개한 미노와 씨에 의하면, 여기에는 한자・어휘가 총 2442자(어(語)), 여러 번 중복되어 등장한 한자를 1회 등장한 것으로 간주하면 506자(어(語)), 한자어 발음은 총 728개 소개되어 있다. 본서의 조본(祖本)의 성립에는 아메노모리 호슈(雨森芳洲)가 관여했다고 한다. 발음을 「테루(てる)」「데루(でる)」로 적은 것은 다음의 3글자와 조금 예외적인 「氈(데루(デル)・전)」 밖에 없다. 아래에 '한자(발음표시・당시의 음)'의 형태로 제시한다.

節(데루(デル)・절)　　　　　　*『신증유합(新増類合)』상권・3a
哲(테루, 데루(テル, デル)・텰)　*『신증유합(新増類合)』하권・12b
鉄(테루(テル)・텰)　　　　　　*『신증유합(新増類合)』하권・27b

현재는 「節」은 「절」, 「哲・鉄」은 「철」로 표기되고 발음되고 있다. 또한 「젼」이라고 읽는 「氈」이 「데루(デル)」라고 표시된 이유는 미노와 씨에 의하면 「氈笠(데루니부(デルニブ)・전립)」라는 말 때문에 실제로는 「졀」로 발음되었기 때문이라고 한다.[38] 따라서 여기에서는 「節

36　이하 東洋学研究所 編『東洋学叢書第二輯　新増類合』(檀国大学校出版部, 1972.11)에 의거하여, 해당어가 게재되어 있는 페이지의 쪽수 및 표리(表裏)를 27a, 27b와 같이 표기한다.
37　여기에서는 본 자료를 소개한 미노와 요시쓰구(箕輪吉次) 씨의 「『信使記録抜書』の朝鮮語片仮名表記」(『日語日文学研究』66-2, 2008.8)에 의거한다.

(데루(デル)·졀)」로서 같은 음의 용례로 간주해 두기로 한다.

「텰」「뎌」와 「졀」「져」는 일본어에는 없는 발음이다. 당시의 일본어에는 그 음을 표기할 때 통일적인 규범도 없었기 때문에, 비슷한 일본어의 음에 맞추는 등의 노력을 하여 표기를 했을 것이다. 또 이러한 상황에서는 「ㅈ」과 「ㅊ」의 차이를 포함하여 음의 차이를 잘 듣고 그 차이를 표기에 반영하는 것이 어려웠으리라고 추측된다. 실제로『신사기록발서 신사잡록(信使記録抜書 信使雑録)』에서는 「節졀」과 「哲텰」이 「데루(デル)」라고 똑같이 표기되어 있기도 하다.

또 조선어사의 관점에서 보면 16세기부터 17세기에 걸쳐서 「ㄷ」과 「ㅈ」의 음운이 변화하고 있었다고 알려져 있다. 「ㅈ」의 구개음화가 선행하고 이에 이어서 「ㄷ」의 구개음화가 진행되었다고 한다.[39] 「텰」이 「쳘」로 변화해 가는 과정에서는 이 두 개의 음이 혼용되는 기간이 있었으리라 생각된다.[40] 방언에 의해 발음이 흔들리는 등의 현상도 염두에 두고, 이러한 상황에 비추어 보면 「테루마(てる ま)」의 「테루(てる)」는 16세기 무렵의 「텰」「졀」「쳘」과 같은 발음을 듣고 표기했을 가능성이 높다.

참고로 가나(仮名)로 표기한 조선어 자료에는 「강원도 안 테루운 (江原道ノ内テルウン)」(『휴가키(日向記)』권11)이라는 용례가 있다. 이 「테루운

---

38 주37) 미노와(箕輪) 논문, p.300.
39 金東昭 氏(栗田英二 氏 번역),『韓国語変遷史』(明石書店, 2003. 5), pp.290~291.
40 실제로 뒤에서 언급할『최고운전(崔孤雲伝)』의 경우에도, 「天色」을 「텬싴」「쳔싴」이라고 하는 등, 동일 전본 안에서도 표기에 차이가 있거나, 이본 간에서 「텬」「쳔」의 표기에 차이가 있는 사례가 있다. 이 두 개의 음이 가까워졌다는 것을 말해주는 현상이라고 할 수 있다.

(テルウン)」은 사건의 내용으로 보아 강원도의 「철원(鉄原)」으로 생각되는 바, 「조선고도(대)」와 같이 「哲·鐵」을 「테루(てる)」라고 발음한 예이다. 이외에 「테루(てる)」라고 표기한 용례로는 「전라도(全羅道)」의 「전라(全羅)」의 발음 표시를 「테로라(テルラ)」(『와칸산사이즈에(和漢三才図会)』권13, 「이국인물·조선」)와, 「전라도(全羅道)」라는 한자 옆에 「테로라타이／테로라타이(てるらたい／テルラタイ)」라고 표시한 예가 있다(『와칸메이수타이젠(和漢名数大全)』지리3 「조선팔도」, 기무라 리에몬(木村理右衛門)『조센모노가타리(朝鮮物語)』권5, 『간에이효류키(寛永漂流記)』4, 시마네(島根) 현 다카미(高見) 가문 문서 「조센진켄분쇼(朝鮮人見聞書)」 등). 현재도 「전라도」는 유음화(설측음화)하여 「절라도」라고 발음하는데, 유사한 현상이 생긴 것이라고 할 수 있다. 당시에 「全」은 「젼」이기 때문에(『신증유합』하권·47b), 「졀」과 같은 음을 일본인이 듣고 표기한 것이라고 생각된다. 따라서 이것도 앞에서 유추한 것과 같은 용례라고 할 수 있다.[41]

한편 「테루마」는 남자아이를 뜻하기 때문에, 「테루마」 안에는 아이라는 의미의 말이 포함되어 있을 가능성이 높다. 남자아이를 나타내는 말은 당시에도 여러 개 있었을 가능성이 있으나, 모음 「ㅏ」로 끝난 것에 주목해서 찾아보면 사전에는 「兒·児아」가 있고, 유의어로는 「兒男子아남자」「兒童아동」「兒輩아배」「兒弱아약」「아이」「兒孩아해」 등을 들 수 있다.[42]

---

41 이 외에 「전주(全州)」의 「전(全)」 옆에 「테루(てる)」라고 기입한 예가 있다.(『간에이효류키(寛永漂流記)』4). 이는 본서가 「전라도(全羅道)」의 발음을 「테루라타이(てるらたい)」라고 했기 때문에, 그 영향을 받아 오류를 일으킨 것이라고 사료된다.

42 주14) 전게서에 의한다.

그런데 「테루마」는 「각시」가 어원인 「가쿠세이」처럼 하나의 단어에 유래한 표현일까? 「테루」에 해당하는 음인 「텰」「졀」「철」로 시작되는 아이·남아를 의미하는 단어를 찾기는 쉽지 않다. 따라서 「테루마」를 복수의 단어로 구성된 말이라고 생각하는 것이 타당할 것이다. 그리고 음의 연속성으로 보았을 때 아마도 2단어로 이루어진 표현일 것으로 생각된다. 이 경우에 「○○한 아이」와 같이 「아이」를 형용하는 말을 동반한 표현이 가장 자연스러울 것이다. 원래 10세 전후의 남자아이라는 의미를 간결하게 표현하도록 의도된 말인 점을 감안하면, 복잡한 표현이나 별로 안 쓰는 말을 사용하지는 않았을 것이기 때문이다.

이상과 같은 조건 하에, 말머리가 「텰」「졀」「철」로 시작되는 용언 중에 말미가 아이를 의미하는 명사의 조합은 없을까? 이 조건으로 먼저 떠오르는 것이 현대 한국어로 말하자면 「젊다」를 사용한 표현, 즉 「젊은 아이」와 같은 형태이다.

문제는 이러한 표현이 16세기의 말에 존재했는가, 그리고 존재했다면 어떻게 표기되었을까 하는 것이다. 이 문제를 풀기 위해서는 당시의 한글 고소설 등에서 용례를 찾아야 하는데, 논자의 능력으로는 충분한 조사를 할 수 없었다. 다만 다음과 같은 용례를 하나 확인한 바 아래에 보고하고자 한다.

와세다(早稲田) 대학 도서관 핫토리(服部) 문고에 『한국어역(韓国語訳)』(전 3책)이라는 사본이 소장되어 있다. 이 중에 3번째 책 「소설 3」에는 『최고운전(崔孤雲伝)』(『최충전(崔忠伝)』『최치원전(崔致遠伝)』 등이라고도 한다)이 수록되어 있다.[43] 이 사본은 쓰시마(対馬) 번 조선어 통역사가 쓴

것으로 한글로 된 본문 오른쪽 옆에 한자와 가타카나(片仮名)를 섞어
서 쓴 일본어 번역이 달려 있다. 이를 소개한 미노와 요시쓰구(箕輪吉
次) 씨가 번각을 하면서 여러 전본을 비교하여 제시했기 때문에, 주
요 전본 간의 이동(異同)을 어느 정도 확인할 수 있다.

　이 본문 안에 다음과 같은 표현이 있다. 대역(対訳)・본문 순서로
정리하여 제시하면 다음과 같다.

　　　羅丞相　奏　日　果然　ソノ　シヲ　臣ガ　ムコ　ツクリマシタレトモ　ワカ
キ　童ヲ　ツカワシ　カタク　コサリマスル故　臣　マイルベケレトモ　ハジメ
臣ガ　ムコノ　申ケルニハ　カナラズ　シヲ　ツクリシ　人ヲ　マネカルベシト
申シニ　果然　コレデゴザリマスルト　云テ　イエニ　キタリ　辞縁ヲ　夫人ニ
云テ　歎息シテ　日　ムコヲ　ツカワス　ベケレトモ　ワカキ　童ヲ　万里
水路ヲ　忍　ナニトテ　ツカワスベキヤ

　　　나승샹이 주 왈 과연 그 글을 신의 사희 지업사오나 져믄 아희을 보
내지 못ᄒ올 거시오니 신이 가오려니와 처음의 신의 사회 니ᄅ옵기을
반ᄃ시 글 지은 사름을을 브리라 ᄒᆞᆸ더니 과연 이로쇠다 ᄒᆞ고 집
의 나와이 ᄉ연을 부인ᄃ려 니ᄅ며 탄식ᄒᆞ여 왈 사회을 보내 고져 ᄒᆞ
나 져믄 아희을 만니 슈로을 ᄎᆞᆷ아 어이 보내리오.　　　　（『최고운전』）

43　箕輪吉次 氏,「早稲田大学本『朝鮮語訳 小説 三』「崔孤雲伝」(上)・(下)——翻字、
　　及び、諸本との主たる校異(稿)——」(『일본학논집』26, 27. 2011)가 번각 및 소개
　　를 하고 있다. 이 외에 岸田文隆 氏,「早稲田大学服部文庫所蔵の「朝鮮語訳」につい
　　て——「隣語大方」との比較——」(『朝鮮学報』199, 200. 2006년 2007년), 田阪正
　　則 氏,「『崔忠伝』韓日対訳本について」(『日語日文学研究』71-2, 2009. 11) 등이 『조
　　선어본(朝鮮語本)』 소수본(所収本)에 대해서 고찰하고 있다.

「아히」는 다른 곳에서는 「子」(8a), 「児」(11b), 「와란베(ワランベ)」(14b), 「오사나키와라와(ヲサナキ童)」(21a)라는 대역(対訳)이 붙어 있다. 보통은 혼자서 여행을 할 연령이 아니지만, 주인공 최치원은 너무나 영특한 나머지 아버지를 대신해서 중국으로 혼자서 길을 떠나는 설정이고, 뒤의 문장에서 「十三歲／십삼세」라고 구체적으로 나와 있다 (가고시마 현 도서관 소장본처럼 「십일서」 즉 11세라고 하는 전본도 있다). 여기에서 「져믄 아히」라는 표현이 내포하는 연령층을 파악할 수 있다.

여기에서 사용된 2개의 「져믄 아히」의 교이(校異)를 확인해 보면, 아스톤 구장본(Aston 旧蔵本)(상트페테르부르크 동양학연구소본)에서는 둘 다 「졀믄 아히」라고 되어 있다.[44] 저본(底本)의 「져믄 아히」에는 「ㄹ」음이 없지만, 아스톤 구장본의 표기로 발음하면 「테루마(てるま)」라고 들렸고, 이를 기술했을 가능성이 있다. (앞에서 아이라는 뜻을 나타내는 말에 「兒・児아」가 있다고 언급하였는데, 만약 이 부분의 「아히」가 「아」라면 발음이 더욱 가까워진다). 또한 2개의 용례 모두 회화문에서 사용된 말이라는 점을 고려하면, 구어체에서 사용해도 위화감이 적은 말을 선택했으리라는 점도 중요하다.

『최고운전』(『최충전』)이 만들어진 것은 17세기 전반 혹은 16세기 후반이라고 한다.[45] 현존하는 사본이 전사본(転写本)이고 전본 간의 이동(異同)도 많다는 사실에 비추어 본다면, 그 표기・발음의 양상을

---

44 주43) 미노와 논문.
45 金台俊 氏(安宇植 氏 번역) 『朝鮮小說史』(平凡社, 1975. 4)는 「선조와 인조 때 발흥(勃興)한 소설 문예」의 하나로서 이것을 들고 있다. 金鉉龍 氏「<최고운전>의 형성시기와 출생담고」(『고소설연구』4, 1998)는 16세기 성립으로 추정한다.

이 작품이 성립했던 바로 그 당시의 것으로 인정하는 데는 진중해야 한다. 그러나 이 용례에서 적어도 18세기 중엽 이전에는 남자아이를 의미하는 「졀믄 아히」라는 표현이 존재했다는 것, 그 의미가 본고에서 확인한 「테루마」의 의미와 가깝다는 것을 확인할 수 있었다. 용례 조사가 불충분하긴 하지만 현시점에서는 「테루마」의 유래가 된 조선어가 「졀믄 아히」 등의 표현이라는 점을 제언하고자 한다.

그리고 추측에 추측을 더해 첨언하자면, 원래 「졀믄 아히」와 「각시」가 「테루마」「가쿠세이」로 바뀌었다고 한다면, 「테루마」가 어학 학습용 자료에 나타나지 않는 큰 요인이 한 단어가 아니기 때문인 것으로 추측된다. 남자 혹은 아이를 가리키는 단어는 많이 있다. 이 단어들을 채용하지 않고 굳이 「젊은 아이」라는 표현을 우선적으로 선택해서 배울 필요는 없을 터이니 말이다.

6. 맺음말

본고에서는 분로쿠・게이초 전란／임진왜란・정유재란／임진전쟁 때 사용된 「테루마・가쿠세이」에 대해서, 여러 용례의 검토를 통해 그 개념을 재검토 하고, 10세 전후부터 14, 5세 정도의 연령층을 중심으로 한 조선 남자와 여자를 의미하는 말임을 밝혔다. 또 이러한 말들이 이 전쟁에서 일본측 사람들이 공유한 용어, 말하자면 전장(戰場) 용어로 볼 수 있다는 점, 따라서 그 후에 사용할 기회가 없어졌기 때문에 사회에서 잊혀졌을 것이라는 점, 훗날 조선어에 관심이 높아졌을 때는 「테루마」는 거의 사용하지 않은 반면 「가쿠세이」는 의미가 변하면서 재부상했다는 점에 대해서 현존하는 자료에서 알 수 있는 것을 기점으로 고찰했다. 그리고 마지막으로 「테루마」는 원래 「절믄 아히」(젊은 아이)와 같은 조선어를 듣고 나서 표기하면서 시작된 용어일 가능성을 제시했다.

한편 「테루마·가쿠세이」를 이러한 연령층의 아이들을 의미하는 용어로 볼 수 있다면, 마지막으로 이번에는 일본에 잡혀 간 후에 세례를 받은 조선 포로 가톨릭 신자에 관한 나가모리 미쓰노부(長森美信) 씨의 연구[46]를 참조해 보고자 한다. 나가모리 씨는 가톨릭 사료(주로 선교사 사료)를 폭넓게 조사하여 선행연구에서 밝혀진 관련정보를 갱신하는 형태로, 이 전쟁에서 일본으로 끌려온 조선인 포로 중에서 일본에서 가톨릭 세례를 받은 사람들의 행적을 정리했다. 나가모리 씨가 작성한 일람표에 의하면, 세례를 받았다고 확인된 55명과, 처음에는 세례를 받았지만 나중에 이를 포기했음이 확인된 포로 1세 16명 중에, 일본에 갔을 때의 연령을 알 수 있는 사람은 13명 있다. 그 내역을 보면 9세(해당자 2명)가 가장 어리고, 10대 전반이 5명, 후반이 2명, 20대 전반이 2명, 후반이 1명, 50대가 1명이다. 한정된 사료에 나타난 분포 상황이긴 하지만, 10대를 중심으로 한 젊은 세대의 포로가 상당히 많고 경우에 따라서는 다른 연령층보다 더 많았음을 알 수 있다. 「테루마·가쿠세이」란 실로 이러한 10대를

---

46 長森美信 氏, 「壬辰·丁酉(文禄·慶長)乱における朝鮮人被擄人の日本定住──朝鮮人キリシタンを中心に──」(『天理大学学報』71-2, 2020.2)

중심으로 한 연령층의 사람들을 가리키는 개념이라고 생각된다.[47]

어학 자료를 구사할 능력이 부족한 탓에 한정된 자료를 대상으로 고찰할 수 밖에 없었기 때문에, 어쩌면 빗나간 지적이 적지 않게 들어있을지도 모른다. 여러 방면에서 비정(批正)해주시기를 바란다. 그리고 「테루마・가쿠세이」라고 불리며 일본으로 잡혀 온 아이들의 존재에 관심이 향해질 수 있기를 바란다.

다시 한 번 말하면 조선어로서의 「졸문 아히」,「각시」와 전장에서 일본어화되어 사용된 「테루마」,「가쿠세이」는 의미・개념이 크게 다르다. 전쟁이 낳은 「테루마・가쿠세이」라는 개념의 범위에 들어가버렸기 때문에, 생활이 크게 바뀌어 버린 아이들의 원치 않는 월경자(越境者)로서의 생애를 조명하고, 근거 있는 상상력을 발휘함으로써 전쟁에서 유래한 문화의 동태를 더욱 상세히 읽어 낼 필요가 있다. 향후의 과제로 삼고자 한다.

---

47 나가모리(長森) 씨는 포로들이 10~20대의 젊을 때, 또는 더 어렸을 때 잡혀온 것에 주목하여, 50세에 잡혀오는 일은 「지극히 진귀한 사례라고 생각된다」고 논했다. 또한 「유소년 시기에 일본으로 잡혀와서, 주인이나 양육자의 영향 하에 세례를 받은 포로가 적지 않았을 것이라고 상상된다」고도 논하였다. (pp.4-5).

|사용 본문 |

『朝鮮王朝実録』……韓国・国史編纂委員会 데이터베이스

「高麗詞之事」……주(28) 志部論文附載影印本

『南藤蔓綿録』……주(16)게재서

『歴代嗣誠独集覧』……주(18) 게재서

『太閤記』……岩波日本古典文学大系本

「大島忠泰書状」……鹿児島県歴史・美術資料센터 黎明館 보관, 개인 소장

「大島家文書」,「小西行長寺澤正成連署状」……『大日本古文書家わけ第五相良家文書之二』(東京大学出版会)

『日向記』……『宮崎県史叢書 日向記』(宮崎県, 1999.3)

『朝鮮人来朝義式』……早稲田大学図書館蔵本、주(29) 미노와(箕輪) 논문.

『延享宝曆度朝鮮人来聘記』……주(30) 게재서.

「朝鮮古図(小)」「朝鮮古図(大)」……鹿児島県立図書館蔵本,『信使記録抜書 信使雑録』……주(37) 미노와(箕輪) 논문의 번각 자료.

『和漢三才図会』……国文学研究資料館蔵本

『和漢名数大全』地理第三「朝鮮八道」……早稲田大学図書館蔵本.

木村理右衛門『朝鮮物語』……京都大学文学部国語学国文学研究室編『木村理右衛門著 朝鮮物語』(京都大学国文学会, 1970. 9) 영인

『寛永漂流記』……新編稀書複製会叢書影印本

島根県高見家文書「朝鮮人見聞書」……岸田文隆 氏「漂流民の伝えた朝鮮語──島根県

見家文書「朝鮮人見聞書」について──」(『富山大学人文学部紀要』30, 1993.3) 소수(所収) 영인

『韓国語訳』「崔孤雲伝」……주(43) 미노와(箕輪) 씨 번각.

일본 근세시대 재해 문예와
재해 피해자
『무사시아부미(むさしあぶみ)』를 중심으로

김 미 진

1. 머리말

일본의 역사 속에는 끊임없이 재해가 발생했다. 오가시마 미노루(小鹿島果) 편 『일본재이지(日本災異志)』에는 역사적 기록물에 근거하여 고대부터 근세시대에 발생한 재해의 횟수를 다음과 같이 정리하고 있다.

〈표 1〉 전근대 일본의 재해 발생 횟수

	기근	태풍	가뭄	장마	홍수	전염병	화재	분화	지진	해일
① 전근대	225	577	165	134	426	253	1463	144	1363	53
② 근세	37	207	32	29	195	50	777	75	142	31

<표 1>[1]의 ①은 고대부터 근세까지 일본에서 발생한 재해의 횟수고, ②는 그 중 근세 시대 발생한 재해의 횟수다. 위 표를 통해서 전근대 일본에서 가장 많이 발생한 재해는 화재고, 그 다음이 지진임을 알 수 있다. 하지만 근세시대에 발생한 재해 발생 횟수를 기준으로 보면 화재가 압도적인 빈도로 발생했음을 알 수 있다. 이렇게 근세시대에 화재 발생이 잦았던 이유는 에도(江戸)라는 거대 도시를 구축하는 과정에 목조 건축물이 많이 건설되었기 때문이다. 이로 인해 작은 불씨가 큰 화재로 이어져 도시 전체가 화염에 휩싸이는 일이 잦았다.[2]

일본 내각부(內閣府) 정책통괄관(政策統括官)에서는 근세시대에 발생한 화재에 대한 조사를 실시했으며, 그 중 에도에서 발생한 피해 규모가 컸던 화재 10건을 다음과 같이 정리하고 있다. 화재 명칭, 발생 연월, 출화 지점, 피해 규모를 중심으로 정리하면 다음과 같다.

---

1 <표 1>은 小鹿島果編(1983)『日本災異志』五月書房、pp.1-21. 国会図書館所蔵本請求記号: 44-145, https://dl.ndl.go.jp/info:ndljp/pid/770752(閲覧日: 2021.11.25) 참조하여 논자가 다시 정리한 것임.
2 전근대 일본의 재해에 대해서는 倉地克直(2016)『江戸の災害史－徳川日本の経験に学ぶ－』中央公論社、pp.3-20 참조.

〈표 2〉 일본 근세 시대 에도에서 발생한 10대 화재

①	**메이레키(明曆) 대화재(1657년 1월 18~19일 발생)**
	혼고(本郷) 마루야마(丸山) 혼묘지(本妙寺) 절에서 출화. 사망자 약 10만 명
②	**오시치(お七) 화재(1682년 12월 28일 발생)**
	고마고메(駒込) 다이엔지(大円寺) 절에서 출화. 다이묘(大名) 75, 하타모토(旗本) 166, 신사(神社) 47, 사원(寺院) 48곳 등 소실
③	**주도(中堂) 화재(1698년 9월 6일 발생)**
	신바시(新橋) 미나미나베마치(南鍋町)에서 출화, 다이묘 83, 하타모토 225, 사원 232, 마치야(町屋) 1만 8703곳 등 소실
④	**미토사마(水戸様) 화재(1703년 11월 29일 발생)**
	고이시카와(小石川) 미토(水戸) 집안의 야시키(屋敷)에서 출화
⑤	**고이시카와 바바(馬場) 화재(1717년 1월 22일 발생)**
	고이시카와 바바의 부케야시키(武家屋敷)에서 출화. 사망자 100여 명
⑥	**메구로(目黒) 교닌자카(行人坂) 화재(1772년 2월 29일 발생)**
	메구로 교닌자카 다이엔지(大円寺) 절에서 출화. 사망자 1만 4600명
⑦	**사쿠라다(櫻田) 화재(1794년 1월 10일 발생)**
	고지마치(麹町) 히라카와초(平河町)에서 출화
⑧	**구루마초(車町) 화재(1806년 3월 4일 발생)**
	시바(芝) 구루마초(車町)에서 출화. 사망자 약 1000명
⑨	**사쿠마초(佐久間町) 화재(1829년 3월 21일 발생)**
	간다(神田) 사쿠마초에서 출화. 사망자 2800명
⑩	**지진 화재(1855년 10월 2일 발생)**
	안세이(安政) 대지진으로 에도 곳곳에 화재 발생. 사망자 3895명

<표 2>[3]의 ①은 후리소데(振袖) 화재라고도 불리며, 혼고에서 출

---

3 <표 2>는 長谷川成一・小沢詠美子・関沢愛・多田浩之(2004) 「防災災害教訓報告書(1657 明暦江戸大火)」日本内閣府政策統括官、p.14를 참조하여 논자가 정

화한 불길이 이틀에 걸쳐 에도 전역을 삼켜 약 10만 명의 사망자를 나은 근세시대 발생한 화재 중 가장 피해 규모가 큰 대화재다. 그 다음으로 큰 피해를 나은 것은 ⑥메구로의 교닌자카라는 언덕에 위치한 다이엔지 절에서 발생한 화재다. 화재 발생 이튿날 화마가 잡혔으나, 혼고의 기쿠자카(菊坂) 언덕 부근에서 다시 출화하여 약 1만 4600여 명의 사망자를 나았다.

이와 같이 근세 시대에 발생한 화재의 발생 일자, 출화 지점, 피해 규모 등을 자세히 알 수 있는 것은 출판문화의 발달과 밀접한 관계가 있다. 근세 시대가 되면 주변에서 발생한 다양한 재해가 각종 문학 작품의 소재거리로 활용되게 된다. 근세시대에 발생한 화재를 문학 작품의 소재로 사용한 대표적인 예로는 1788년(天明8) 1월 30일 교토(京都)에서 발생한 대화재의 참상을 다룬 우에다 아키나리(上田秋成)의 「가구쓰치노아라비(迦具都遲能阿良毗)」가 있다.[4] 나가시마 히로아키(長島弘明)는 아키나리의 작품과 같은 화재를 소재거리로 사용한 천추노인(千秋老人) 『하나모미지 미야코바나시(花紅葉都咄)』를 함께 비교하였다. 그 결과, 아키나리의 작품은 화마가 휩쓸고 간 이후의 사람들의 모습과 피해 참상이 르포르타주(reportage) 형식으로 생

리한 것임. 해당 보고서는 일본 내각부의 방재 정보 페이지에서 확인할 수 있음. https://www.bousai.go.jp/kyoiku/kyokun/kyoukunnokeishou/rep/1657_meireki_edotaika/ index.html(閲覧日:2022.02.17).

4 이외의 아키나리의 재해 관련 작품으로는 1783년(天明3) 7월 5일에 발생한 아사마 산(浅間山)의 분화에 대해서 기록한 『아사마의 연기(浅間の煙)』가 있다. 본 작품은 아사마 산의 분화를 실제로 경험하지 못한 아키나리가 분화의 원인을 다양한 사서(史書)를 인용하며 박물학, 지질학적인 관점에서 기술한 것이 특징이다.

생하게 묘사되어 있는 것이 특징이라고 지적하고 있다. 이에 반해
『하나모미지 미야코바나시』의 경우는 읽을거리로서 사건을 윤색
하고 있는 것이 특징이라는 점에 주목하고 있다.[5]

　이와 같이 화재를 기록한 문학 작품으로는 앞서 소개한 두 작품
의 소재가 된 교토의 화재보다 약 130년 전에 에도에서 발생한 '메
이레키(明曆) 대화재'의 참상을 그린 아사이 료이(浅井了意)의『무사시
아부미(むさしあぶみ)』(1661년 간행)가 있다.

　메이레키 대화재에 대한 선행연구로는 화재가 에도라는 도시를
구축하는데 어떠한 영향을 주었는지에 대한 분석,[6] 가와라반(瓦版)
이라는 지금의 신문과 비슷한 당시의 매체를 통해 본 화재 상황에
대한 분석[7] 등이 있다. 메이레키 대화재를 소재로 다룬 작품인『무
사시아부미』에 대한 선행연구도 객관적인 사실을 기록한 자료로
서의 평가가 주를 이룬다.[8] 본고에서는『무사시아부미』에 그려진
메이레키 대화재의 참상과 재해 피해자의 사례를 분석하겠다. 이
를 통해서 근세 시대 재해 상황 속에 놓인 사회적 약자의 모습에 주
목하고자 한다.

5　長島弘明(2018)『迦具都遅能阿良毗』考－上田秋成が見た天明京都大火－」『日本
　　學研究』53、檀國大学校日本研究所、pp.9-32.
6　岩本馨(2021)『明暦の大火：「都市改造」という神話』吉川弘文館、pp.1-269.
7　森田健司(2015)『かわら版で読み解く江戸の大事件』彩図社、p.96.
8　水江漣子(1972)「仮名草子の記録性―『むさしあぶみ』と明暦の大火―」『日本歴史』
　　291、日本歴史学会、pp.1-14.

2. 메이레키 대화재(明暦の大火)와 『무사시아부미』

아사이 료이의 『무사시아부미』는 1657년(明暦3) 1월 18일부터 19
일에 걸쳐서 에도에서 발생한 '메이레키 대화재'를 소재로 쓴 가나
조시(仮名草子)이다. 먼저, 메이레키 대화재의 화염의 확산과 피해 지
역을 아래 지도를 통해 확인해 보겠다.

〈그림 1〉 메이레키 대화재(明暦の大火)

메이레키 대화재는 〈그림 1〉[9]
의 ① 1657년 1월 18일 오후 2시
에 혼고(本郷) 마루야마(丸山) 일련
종(日蓮宗) 혼묘지(本妙寺) 절에서
출화(出火)하였다.[10] 화재의 원인
은 방화, 실화(失火) 등 여러 설이
있을 뿐, 명확히 밝혀진 것은 없
다. 불길은 쉽사리 잡히지 않고
이튿날인 19일 정오 무렵에 ②
고이시카와(小石川) 신다카조마치(新鷹匠町)로 확산되었으며,[11] 그날 밤
에는 ③ 고지마치(麹町)를 덮쳤다.[12] 혼고에서 시작된 불길은 서쪽으
로는 고지마치, 동쪽으로는 스미다가와(隅田川) 강을 건너 아사쿠사

---

9 〈그림 1〉은 長谷川成一(2005)「明暦三年江戸大火と現代的教訓」『ぼうさい』26、
   内閣政策統括官、p.16에서 소개하고 있는 지도를 인용함.
10 혼고(本郷) 마루야마(丸山) 혼묘지(本妙寺) 절은 현재의 도쿄도(東京都) 분쿄쿠
   (文京区) 니시카타2초메(西片2丁目)이다.
11 고이시카(小石川)와 다카조마치(鷹匠町)는 현재의 분쿄쿠(文京区) 고이시카와
   3초메(小石川3丁目)이다.
12 고지마치(麹町)는 현재의 지요다쿠(千代田区) 고지마치3초메(麹町3丁目)이다.

(浅草)와 요시와라(吉原) 부근까지 번졌다. 이 화재로 인해 당시 에도의 약 60%가 소실되었으며, 사망자는 약 10만 명 정도로 추정되고 있다.[13]

메이레키 대화재를 소재로 삼은 아사이 료이의『무사시아부미』는 화재 발생으로부터 4년 뒤인 1661년(万治4)에 교토의 고노 미치키요(河野道清)라는 출판사에서 간행된다. 료이는 교토에 거주했으나 에도를 방문한 적이 있으며, 에도 체재 중 경험한 메이레키 대화재에 대한 기억을 바탕으로『무사시아부미』를 집필한 것이다.

그렇다면 에도에서 발생한 화재를 교토의 출판사에서 간행한 이유는 무엇일까? 이에 대해서 김영호는 "메이레키 대화재에 대한 정보와 함께 화재가 끝난 후의 도시의 정비에 대한 소식은 당시의 문화와 경제의 중심지였던 가미가타(上方)의 독자들에게는 커다란 관심거리였다"고 지적하고 있다.[14] 료이는『무사시아부미』간행 전후로『동해도명소기(東海道名所記)』(1658-1661년 간행),『에도명소기(江戸名所記)』(1662년 간행) 등 에도 방문을 통해 얻은 경험을 바탕으로 작품을 집필했다. 이는 모두 교토의 출판사에서 간행되었으며, 이를 통해 당시 교토와 오사카를 중심으로 한 가미가타의 독자들이 에도 사정(事情)에 관심이 높았음을 유추해 볼 수 있다.

그렇다면『무사시아부미』는 어떤 방식으로 메이레키 대화재를 가미가타 독자들에게 전달하고 있는지에 대해 생각해 보겠다. 본

---

13 長谷川成一・小沢詠美子・関沢愛・多田浩之(2004) 前掲書、pp.115-123 参照.

14 김영호(2012)「『에도명소기(江戸名所記)』에 나타난 아사이 료이(浅井了意)의 집필의도 고찰」『日本言語文化』22, 한국일본언어문화학회, pp.475-476.

작품의 도입부는 다음과 같이 시작된다.

　　세상을 버린 사람이라기보다 세상에게 버림받아 지금은 할 수 있
　는 일이 없어 머리를 밀고 옷을 먹색으로 염색하고 라쿠사이보(楽斎坊)
　라는 이름으로 마음이 가는 대로 발이 움직이는 대로 교토 쪽으로 가
　다가 여기에 기도하러 들렀는데 이곳이 기타노노온야시로(北野の御や
　しろ)더군요.[15]

본 작품은 '라쿠사이보(楽斎坊)'라는 스님이 에도의 메이레키 대화
재의 참상을 전달하는 역할을 한다. 주인공인 라쿠사이보는 메이
레키 대화재로 일가족과 전 재산을 잃고, 스님이 되어 전국을 떠돌
아다니며 수행을 하는 인물로 그려져 있다. 행각승으로 전국을 돌
아다니던 중 우연히 교토의 기타노텐진(北野天神) 경내에서 교토와
에도를 왕복하며 장사를 하던 옛 지인을 만나게 된다. 그리고 그 지
인에게 자신이 에도에서 경험한 메이레키 대화재의 참상을 이야기
하고는 다시 길을 떠난다. 이와 같이 『무사시아부미』는 작가 료이
가 작품 속에 직접 등장하는 것이 아닌, 메이레키 대화재의 피해자
인 라쿠사이보라는 가상의 인물의 목소리로 화재의 피해와 복구

---

15 「世すて人にはあらで、世にすてはてられ、今はひたすら、すべきわざなく、かみをそ
　り、衣をすみにそめつゝ、楽斎坊とかや名をつきて、心のゆくかたにしたがひ、足にま
　かせて都のかたにのぼり、爰かしこおがみめぐり、名におふ北野の御やしろにぞまうで
　ける」(『むさしあぶみ』, p.371) 본고에서 인용한 『무사시아부미』 본문은 日本随筆
　大成編輯部(1996) 『日本随筆大成』 第三期、吉川弘文館、pp.371-441을 논자가
　번역한 것이다. 이하 동.

상황을 독자들에게 생생하게 전달하고 있다.

『무사시아부미』는 상권 25丁, 하권 31丁로 구성되어 있다. 상권
의 도입부는 라쿠사이보가 기타노텐진에서 지인에게 메이레키 에
도 대화재가 발생한 당일의 상황을 묘사하는 다음과 같은 본문으
로 시작된다.

메이레키 3년 정유년 정월 18일 진시(오전 7시~9시 : 논자 주) 즈음의
일인데, 하늘에서 바람이 불기 시작하여 계속해서 거세지더니 먼지
가 중천으로 뿜어 올라갔다. 하늘을 가로질러 뻗어 있는 것이 구름인
지 아닌지, 소용돌이치는 연기인지, 봄 안개가 낀 것인지, 이상하게
보였다. 에도의 신분이 높은 사람, 천한 사람 모두 문을 열지 않았지
만, 날은 밝았다. 그러나 아직 밤처럼 어둡고 사람들의 왕래도 없었
다. 이윽고 미시(오후 1시~3시 : 논자 주)에 접어들어 혼고4초메(本郷四町め)
서쪽에 혼묘지(本妙寺)이라는 일련종(日蓮宗) 절에서 갑자기 불길이 치
솟아 오르더니 검은 연기가 하늘을 뒤덮고 절 안은 일제히 불타올랐
다. 그때 마풍(魔風)이 사방으로 불어와 불길은 곧바로 유시마(湯島)로
옮겨 붙었다.[16]

---

16 拟も明暦三年丁酉正月十八日辰刻ばかりのことなるに、乾のかたより風吹出し。しきり
に大風となり、ちりほこりを中天に吹上て、空にたなびきわたる有さま、雲かあらぬ
か、煙のうずまくか、春のかすみのたな引かとあやしむほどに、江戸中の貴賎門戸を
ひらきえず、夜は明ながら、まだくらやみのごとく、人の往来もさらになし。やうやう未
のこくにをしうつる時分に、本郷四町め西口に本妙寺とて日蓮宗の寺より俄に火もえ出
て、くろ煙天をかすめ、寺中一同に焼あがる折ふし、魔風十方にふきまはし、即時に
湯島へ焼出たり。(日本随筆大成編輯部(1996) 前掲書、p.373).

화재가 발생한 1657년 1월 18일은 유난히 거센 바람이 불던 날이었다. 당일 오후 1~3시 혼고(本鄕) 마루야마(丸山)의 혼묘지(本妙寺) 절에서 불길이 치솟아 검은 연기가 하늘을 뒤덮었으며 불길은 유시마로 옮겨 붙어 걷잡을 수 없을 만큼 커졌다. 상권에는 위 인용문에 이어서 가재도구를 수레에 실어서 레이간지(靈岩寺) 절과 혼간지(本願寺) 절로 도망가는 사람들의 모습, 아사쿠사몬(浅草門) 문이 폐쇄되어 탈출하지 못한 피해자의 모습이 본문과 삽화로 생생하게 묘사되어 있다. 하권은 이튿날인 1월 19일의 정황을 그리고 있다. 전날의 불길은 여전히 살아 있었고, 정오 무렵에는 고이시카와(小石川) 신타카조마치(新鷹匠町)로, 그날 밤에는 고지마치(麹町)로 확산된 모습을 그리고 있다. 그리고 화재를 진압한 이후, 화마로 인한 희생자의 혼을 달래기 위해 에코인(廻向院)에서 법회가 열리는 모습이 담겨져 있다.

3. 『무사시아부미』로 본 메이레키 대화재의 피해 규모

『무사시아부미』에는 화재로 인한 피해 규모를 자세히 기술하고 있다. 본 자료의 도입부에는 화재가 발생한 1657년 1월 18일 레이간지 절로 도망가는 사람들과 사상자의 규모를 다음과 같이 본문과 삽화로 묘사하고 있다.

　　수만 명의 남녀가 연기를 피하려고 도망가다 레이간지(靈岩寺) 절에

도착했다. 묘비가 있는 곳을 보니 몹시 넓은 곳이라서 사람들이 이곳에 모여들었다. 그런 가운데 절 본당에 불이 붙었다. 불길은 여러 건물에 옮겨 붙어 일제히 불타올라 검은 연기가 하늘을 가득 메웠고, 수레바퀴 정도 되는 불꽃이 튀어 올라 바람을 타고 비가 내리듯 많은 사람이 무리 지어 있는 곳에 떨어졌다. 머리카락에 불이 붙었고, 소맷자락 안쪽에 불꽃이 들어와 실로 버티기 어려웠다. 여러 사람이 당황하여 부산을 떨며 불길에서 벗어나고자 내가 먼저라며 레이간지 절의 강가를 향해 달려가서 진흙 속으로 뛰어들었다. 춥고 음식도 먹지 못한 채, 물에 잠겨서 가만히 서 있다 보니 불을 피하고 싶지만 기운이 빠져 대부분 동사했다. 신음을 내며 외치는 소리가 무시무시하여 모노노아와레(もののあはれ)를 자아냈다. 모두 물과 불 둘 중 어느 쪽으로 죽고 혹은 망한 자가 9천 600여 명이다. 이 강변까지 먼지도 남김없이 불태워 바다 맞은 편 4, 5개 마을 서쪽 쓰쿠다시마(佃島) 안쪽, 이시카와 오스미노카미(石川大隅守)의 저택, 마찬가지로 그 근처의 시골집 한 채도 남김없이 소실되었다.[17]

---

17 数万の男女けぶりをのがれんと、風下をさしてにげあつまるほどに、向ふへ行づまり、霊岩寺へかけこもる。墓所のめぐりはなはだひろければ、よき所なりとて、諸人こゝにあつまりゐたるところに、当寺の本堂に火かゝり、それより数ケ所の院々にもえ渡り、一同に焼あがり、くろけぶり天をこがし、車輪ほどなるほのほとびちり、かぜにはなされて雨のふるごとく、大勢むらがりゐたるうへに落ければ、かしらのかみにもえつき、たもとのうちより焼出、まことにたへがたかりければ、諸人あはてふためき、火をのがれんとて、我さきにと霊岩寺の海辺をさしてはしり行、泥の中にかけこみけり。寒さはさむし、食はくはず、水にひたりてたちすくみ、火をばのがれたりけれども、精力つきはて大かた凍死す。猶それまでもにげのぶることのかなはざるともたらは、炎五躰にもえつきて、ことゝくこがれ死す。うめきさけぶこゑすさまじく、ものゝあはれをとゞめたり。すべて水火ふたつのなんに死にほろぶるもの、九千六百余人なり。此海辺までちりものこらず焼はらひ、海のむかひ四五町西のかた佃島のうち、石川大隅守のやしき、おなじくそのあたりの在家一宇ものこらず焼うしなふ。(日本随筆大成編輯部(1996) 前掲

101

〈그림 2〉 레이간지(靈岩寺) 절로 도망가는 사람들의 모습(『무사시아부미』 상권
5丁裏6丁表)

　사람들은 혼고의 혼묘지 절에서 시작된 불길을 피하기 위해 스
미다가와 강가에 있는 레이간지 절까지 도망친다. 하지만 위 인용
문과 <그림 2>[18]의 오른쪽 삽화에서 그리고 있듯이 레이간지 절의
본당도 곧 화염에 휩싸이게 되고, 사람들은 다시 불길로부터 목숨
을 건지기 위해 사투를 벌인다. 결국 사람들은 화마에 휩쓸려 죽거
나, 불길을 피해 강으로 뛰어 들어 동사하거나 하여 이곳에서 9600
여 명이 사망하게 된다.

　이튿날인 1657년 1월 19일, 불길은 고이시카와(小石川) 신타카조
마치(新鷹匠町)로 번져 결국 교바시(京橋)까지 모두 불태운다. 이때의
피해 상황을 본문과 삽화를 통해 다음과 같이 묘사하고 있다.

　　書、pp.373-374).
18　본고에서 인용한『무사시아부미』삽화 자료는 早稲田大学図書館所蔵本(請求記号:
　　wo01_03753)에 의함. https://www.wul.waseda.ac.jp/kotenseki/html/wo01/
　　wo01_03396/ index.html(閲覧日: 2021.11.08) 이하 동.

기침하며 서로 미는 가운데 연기를 들이마시고 불에 타서 쓰러지니 그 뒤에 있는 자들은 우르르 한 데 쓰러진다. 그 위로 불꽃이 튀어 모두 타버리고 아주 갑작스런 가책을 받아 규환 대규환이라고 소리를 지르며 슬피 외친다. 여기서 타 죽은 자가 약 2만 6천여 명, 남북으로 3정(町), 동서로 2정 반으로 겹쳐진 시신으로 빈 곳이

〈그림 3〉 화염에 휩싸인 교바시(京橋)와 불길을 피해 강으로 몸을 던지는 사람들의 모습
『무사시아부미』하권, 6丁表)

없었다. 가재, 잡구, 도검, 칼, 금은, 쌀과 돈이 얼마인지 모른다. 큰길 사거리에 버려져 밟히고 불타버렸다. 안타깝다고 하는 것으로 모자란다.[19]

<그림 3>은 화염에 휩싸인 교바시와 다리를 건너가던 사람들이 강으로 몸을 던지는 아비규환의 상황을 묘사하고 있다. 이곳에서 발생한 사상자의 수는 2만 6천여 명에 이른다고 기술하고 있다.

---

19 せきあひおしあひける中に、煙にむせび火にやかれてうちたをるれば、其うしろなるものども、将基だをしの如く一同にたをれころぶ。其うへ焔にこがされ、ごくそつのかしやくをうけ、けうくはん大けうくはんの声をあげて、かなしみさけぶらんもかくやとおぼえてあはれ也。爰にて焼死するもの、をよそ二万六千余人、南北三町、東西二町半にかさなり臥累々たるしがい、更にあき地はなかりけり。家財、雑具、太刀、かたな、金銀、米銭いくらといふかずしらず。辻小路にうちすてふみ付焼する。あはれといふもおろかなり。(日本随筆大成編輯部(1996) 前掲書、p.394).

메이레키 대화재에서 가장 많은 피해자를 낳은 곳은 아사쿠사몬(浅草門)이다. 아사쿠사몬 폐쇄 사건에 대해서는 다음 장에서 자세히 살펴보기로 하고 본 장에서는 사상자의 규모를 알 수 있는 본문을 살펴보겠다.

> "여기다 여기야"라고 하자마자 높이 10장(丈) 정도 되는 돌담 위에서 구덩이 속으로 뛰어들었다. 적어도 목숨을 구할 수 있겠지 라고 생각한 무리는 아직 아래쪽까지 내려오지 못하고, 돌로 머리를 깨부수고 팔을 찢어 부러뜨리고 반생반사가 되는 자도 있으며, 밑에 다다른 자는 허리를 다쳐서 일어나지 못하고 그 위에 겹쳐져 밟혀 죽고 밀려 죽어 그토록 깊은 아사쿠사의 구덩이가 죽은 사람으로 메워졌다. 그 수는 2만 3천여 명, 사방으로 겹쳐져 구덩이는 평지가 되었다.[20]

화염을 피해 도망가던 사람들은 아사쿠사몬이 폐쇄되는 사건으로 인해 문 안쪽에 갇히게 된다. 결국 불에 타 죽거나 해자에 몸을 던져 죽은 사람의 수는 2만 3천여 명에 이르게 된다. 이렇게 1박 2일에 걸쳐 에도 전역을 휩쓴 화마는 "약 10만 2천백여 명"[21]이라는

---

20 これは／＼といふほどこそありけれ、たかさ十ぢやうばかりにきりたてたるいしがきのうへより、堀の中へとび入けり。せめて命のたすかるかと、かやうにせしともがら、いまだしたまでおちつかず、石にてかうべをうちくだき、かいなをつきおり、半死半生になるもあり、したへおちつくものは、腰をうちそんじてたちあがることをえざるところへ、いやがうへにとびかさなり、おちかさなり、ふみころされ、おしころされ、さしもにふかきあさ草の堀、死人にてうづみけり。そのかず二まん三ぜんよ人、三町四方にかさなりて、ほりはさながら平地になる。(日本随筆大成編輯部(1996) 前掲書、p.384).
21 をよそ十万二千百余人。(日本随筆大成編輯部(1996) 前掲書、p.399).

사망자를 기록하게 된다.

4. 『무사시아부미』에 그려진 메이레키 대화재의 피해자

1) 아사쿠사몬(浅草門) 폐쇄 사건의 피해자

메이레키 대화재에서 가장 많은 사망자가 발생한 곳은 아사쿠사
몬(浅草門)이다. 사건의 발단은 다음과 같은 고텐바초(小伝馬町)에 있었
던 감옥에 갇혀있던 죄수를 풀어준 것에 의한다. 해당 부분의 본문
과 삽화를 다음에 인용하겠다.

> 감옥의 부교(奉行)를 이시데 다테와키(石出帶刀)라고 한다. 맹화(猛火)
> 가 계속 번져 감옥 가까운 곳까지 왔다. 다테와키가 죄인들에게 말하
> 기를, "자네들 이제 불에 타 죽을 게 분명하니 실로 가여운 일이로구
> 나. 여기서 죽는 것도 무참하니 잠시 풀어주겠다. 발 가는 대로 어디
> 로든지 도망가서 부디 목숨을 구하고 불이 잠잠해지면 한 명도 빠짐
> 없이 시타야(下谷)의 렌케이지(蓮馨寺) 절로 오거라. 이 의리(義理)를 저
> 버리지 않고 온다면 내 몸과 바꿔서라도 자네들 목숨을 구할 것이다.
> (중략)"라고 말하고 감옥 문을 열어 수백 명의 죄인을 풀어주었다.[22]

---

22 籠屋の奉行をば石出帶刀と申す。しきりに猛火もえきたり、すでに籠屋に近付しか
ば、帶刀すなはち科人どもに申さるゝは、なんぢら今はやきころされん事うたがひな
し、まことにふびんの事なり。爰にてころさんこともむざんなれば、しばらくゆるしはな
つべし。足にまかせていづかたへも逃行、ずゐぶん命をたすかり、火もしづまりたら

고텐바초 1초메 북쪽에는 막
부 관할 감옥이 있었던 곳이다.
총 책임자는 이시데 다테와키
(石出帶刀)라는 이름을 물려받았
으며, 메이레키 대화재 당시에
는 요시후카(吉深)라는 사람이 담
당하였다. 1657년 1월 18일 당
일, 이시데 다케와키는 화염의
기세가 심상치 않음에 위기감
을 감지하고, 감옥에 수감 중이
던 수형자의 목숨이 위태롭다

〈그림 4〉 감옥에서 죄수를 풀어 주는
모습(『무사시아부미』 상권, 16丁裏)

고 판단하여 수백 명의 죄수를 풀어준다. <그림 4>와 위 인용문은
이를 묘사한 부분이다. 하지만 이러한 사실이 감옥에서 외부로 나
가는 문인 아사쿠사몬을 지키는 관리인들에게 죄수들이 탈옥을 한
것이라 잘못 전달된다. 결국 아사쿠사몬을 폐쇄하게 되고, 외부로
도망칠 수 없게 된 죄수와 민간인들은 처참한 죽음을 맞이하게 된
다. 그 모습을 묘사한 본문과 삽화를 이하 인용하겠다.

그런데 아사쿠사몬을 향해 도망가는 패거리는 귀천상하(貴賤上下)
몇 천만인지 셀 수 없다. 건너편은 넓은 강변이다. 빈터로 나오면 그

ば、一人も残らず下谷のれんけいじへ参るべし。此義理をたがへず参りたらば、わが
身に替てもなんぢらが命を申たすべし。(中略) 籠の戸をひらき、数百の科人をゆるし
出してはなされけり。(日本随筆大成編輯部(1996) 前掲書、p.381).

〈그림 5〉 아사쿠사몬의 폐쇄로 죽음을 맞이하게 된 사람들의 모습(『무사시아부미』상권
19丁裏20丁表)

토록 혼잡하기 그지없음은 어떤 천마(天魔)의 짓인지 "감옥의 죄인들
이 감옥을 부수고 도망가는구나. 놓치지 마라. 잡아라."라고 하며 아
사쿠사의 네모난 대문을 때려 부수었다. 사람들은 이와 같은 상황을
예상하지 못하였다. 상황을 인지하지 못한 채 모두 수레를 끌고 왔더
니 덴마초(伝馬町)에서 아사쿠사의 대문 토담 옆까지 8정 4방(八町四方)
사이에 사람과 수레가 꽉 막혀 약간 경사진 곳도 틈이 없었다. 문은 굳
게 닫혀 있고 뒤에는 수만 명의 사람이 밀고 밀려 혼잡하였다. 문 근처
에 있는 자들이 빗장을 풀려고 했지만 가재(家財)나 잡동사니를 한층
더 쌓아놓아서 이것에 막혀 문은 더욱 열리지 않았다.[23]

---

23 しかるに、かのあさ草の惣門をこゝろざしてにげ出けるともがら、貴賤上下いく千万とも
   かずしらず。されどもむかふはひろき河原なり、枡がたをだに出たらば、さのみせきあ
   ふまじかりしを、いかなる天魔のわざにや、籠屋の科人どもろうを破りてにぐるぞや、
   それのがすなとらへよといふ程こそ有けれ、あさ草のますがたの惣門をはたとうちたりけ

107

아사쿠사몬 폐쇄 사건과 그로 인해 많은 사망자가 발생한 사건은 같은 시기에 에도를 방문한 네덜란드 상관장인 웨헤널이 남긴 기록과도 일치하기 때문에 역사적 사실이라 볼 수 있다.[24] 아사쿠사몬 안쪽 지역은 피차별민이 주로 거주하는 아사쿠사신마치(浅草新町)가 있던 곳으로 사망자의 많은 수가 죄인, 천민과 같은 사회적 약자였을 가능성이 상당이 높다.[25]

『무사시아부미』에는 사망자의 이름이 명기되어 있는 경우가 있다. 예를 들어 호소카와 엣추노카미(細川越中守), 마쓰다이라 신타로(松平新太郎) 등 구체적인 사망자의 이름이 명기되어 있다. 이와모토 가오루는 당시 지도와 비교하며, 이와 같이 실명이 언급된 사람들은 실제 화염에 휩싸인 지역에 거주했던 무사 계급의 사람들임을 지적하고 있다.[26] 이에 반해 총 사망자의 1/5을 차지하는 아사쿠사몬 안쪽에 거주하던 죄인, 천민 등의 하층 계급의 피해자에 대해서는 구체적인 언급을 확인하기 어렵다.

り。それはおもひよらず、諸人いづれもわきまへなく、跡よりくるまをひきかけおし来る程に、伝馬町よりあさ草の総門つゐぢのきはまで、そのみち八町四方があひだ、人とくるま長もちと、ひしとつかへて、いさゝかきりをたつべきところもあきぢはさらになし。門はたてゝあり、跡よりは数万の人、おしにおされてせきあひたり。門のきはなるものども、いかにもして門の関貫を引はづさんとすれども、家財ざうぐをいやがうへにつみかさねたれば、これにつかへてとびら更に開かれず。(日本随筆大成編輯部(1996)　前掲書、pp.381-384).

24　フレデリッククレインス著(2019)『オランダ商館長が見た江戸の災害』講談社、pp.75-80.
25　피차별민의 마을 아사쿠사신마치(浅草新町)에 대해서는 裏本誉至史(2005)『江戸・東京の被差別部落の歴史』明石書店、pp.58-90 참조.
26　岩本馨(2021) 前掲書、pp.224-225.

2) 재해 피해자를 노린 도둑

『무사시아부미』상권에는 1월 18일 레이간지 절의 화마를 피해
도망가던 사람들이 두고 간 물건을 훔치는 사람들의 모습을 본문
과 삽화에 다음과 같이 그리고 있다.

그런 화급(火急) 속에서
도 도둑은 있었다. 버려진
수레를 잡아끌고 여기저
기로 도망가는데, 더욱 웃
긴 일은 위패 가게의 아무
개 씨가 내가 할 일은 이
것이라면서 자신이 만든
큰 위패, 작은 위패, 옻칠
한 상자 등 여러 가지를
수레에 담아 끌어냈다. 그
러나 너무나도 가까이에
서 화염이 불타고 있어 이

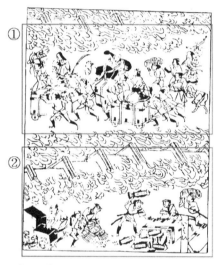

〈그림 6〉 화마를 피해 위패, 겨 섬, 가죽 함을
훔쳐가는 도둑의 모습 (『무사시아부미』 상권, 19丁裏)

를 벗어나고자 버려둔 것을 어느 사이엔가 잡아끌고 갔다. 아사쿠사
벌판에서 사슬을 끊어 뚜껑을 열었더니 쓸모없는 위패들이었다. 화재
를 다행스럽게 여기며 물건을 훔치려고 노리는 도둑들은 겨가 든 가마
니를 쌀이라고 생각해서 훔친다거나 또는 짚신을 넣는 오래된 가죽 함
을 고소데(小袖)인 줄 알고 빼앗아 도망가는 자도 있었다. 그 속에 최근

에 중병에 걸려 오늘내일하는 사람을 하는 수 없이 상자에 밀어 넣고 끌고 가다 길거리에 내버려 두니 이를 누군가 가지고 가 행방을 모르게 되었다.[27]

<그림 6>의 ① 부분에는 화마 속에서 살림살이를 수레로 옮기는 모습이, ② 부분에는 미처 끌고 가지 못한 수레를 훔치는 도둑들의 모습이 그려져 있다. 특히 ② 부분에 대해서는 인용문에서 겨가 든 가마니를 쌀로 착각하여 훔쳐가는 모습, 쓸모없는 위패가 가득 담겨 있는 것을 확인한 도둑들, 고소데인 줄 알고 훔친 가죽 함에 낡고 오래된 짚신이 가득 담겨 있는 것을 확인하는 모습을 자세히 묘사하고 있다. 이와 같이 화염이 엄습하는 절체절명의 상황 속에서도 재해 피해자의 물건을 훔치는 도둑은 존재했음을 알 수 있다. 위 인용문과 같은 날 밤, 어둠 속에서 도둑들이 화재 피해자의 소지품을 훔치는 모습이 다음과 같이 그려져 있다.

그 상황에서는 도둑들도 뒤섞여 죽은 자의 허리와 피부에 붙어 있

---

27 かゝる火急の中にも盗人は有けり。引すてたる車長持を取て、方々へにげゆくこと、更におかしかりけるは、ゐはいやの某が、我一跡は是なりとて、つくりたてたる大位牌小ゐはい、漆ぬり箔綵、いろいろ成けるを、車長もちにうち入引出し、あまりに間近くもえきたる火をのがれんとて、うちすてたるを、いつのまにかはとりて行、浅草野辺にて鎖をねぢきり、ふたを開たりければ、用にもなきゐはいどもなりけり。火事を幸に物をとらんとねらひける盗人共、あるひはぬか俵を米かとおもひて取てのき、或はわらざうりの入たる古かわごを小袖かと心えて、うばひ取てにぐるも有。其中に此日ごろ重き病を請て、今をかぎりとみえし人を、火事におどろきすべきかたなくて、半長持におし入かき出し、辻中におろしをきたりしに、何者とはしらず盗取、行方なく成にけり。(日本随筆大成編輯部(1996) 前掲書、p.377).

는 금은을 떼어내어 불에 그을린 금을 들고 나와 판다. 이를 사려고 모여드는 것이 시장과 같다. 그 밖에 마을 안의 사거리 큰길에 버려져 있는 가재(家財), 잡동사니를 잔뜩 들고 가 팔아서 생각지도 않게 이득을 취하는 자도 많았다.[28]

이러한 재해 상황 속에서 피해자의 소지품을 훔치는 도둑은 메이레키 에도 대화재보다 약 150년 후인 1807년 8월 19일에 발생한 에도의 에이타이바시(永代橋) 다리 붕괴 사건을 기록한 오타 난포(大田南畝)의『유메노 우키하시(夢の浮橋)』(성립 시기 미상)에서도 다음과 같이 확인할 수 있다.

(1807년 : 논자 주) 19일 밤 8시까지는 겐시(檢使)가 없어서 반즈케(番付)로 시체를 인도했기 때문에 밤이 되어 도적이 위명(僞名)으로 인도 받아 의류 등을 훔쳤다는 풍설도 있다.[29]

재해로 피해를 입고 죽음을 맞이하게 된 자의 주변에 사회적 약

---

28 其まぎれには、盜人どもたちまじりて、死人の腰につけ、はだへにつけたる金銀をはづしとり、その燒金をもち出てうり代なす。これをまた買とらんとてあつまりける程に市のごとし。その外町の中辻小路におとしすてたる家財雑具ども、数もしらずひろひとり、もち出てうりしろなし、にはかに徳付たるものもおほかりけり。(日本随筆大成編輯部 (1996) 前掲書、p.387).

29 十九日夜八時までは検使なくして、番付にて引取候者に渡し候由、夜に入て、盜賊ども偽名を以て引取、衣類等を奪ひ候やうなる風説有レ此」(森銑三の外二人(1979)『燕石十種』第四巻、中央公論社、pp.179-205). 에이타이바시 붕괴 사건에 대해서는 김미진(2021)「근세시대 재해 속 서벌턴 피해자-1807년 에이타이바시(永代橋) 붕괴 사건을 중심으로-」『日本語文學』93, 일본어문학회, pp.270-290 참조.

자인 도둑이 죽은 자의 것을 훔치는 것은 시대와 상황에 상관없이 발생하는 것임을 알 수 있다.

5. 맺음말

1657년 1월 18일부터 19일까지 에도에서 발생한 '메이레키 대화재'의 피해의 참상과 피해자의 사례를 분석하였다. 이를 통해 수면 위로 드러날 수 없는 피차별민의 피해 상황을 엿볼 수 있었다.

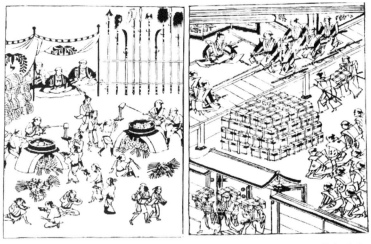

〈그림 7〉 구휼책으로 화재 피해자에게 죽을   〈그림 8〉 구휼책으로 하타모토(旗本)에서
    나눠주는 모습 (『무사시아부미』 하권 22丁表)   자금을 배포하는 모습(『무사시아부미』 하권 24丁表)

　본고에서 분석한『무사시아부미』의 하권에는 화재 진압 이후, 피해를 입은 사람들을 위한 사회적 구제책이 제시되어 있다. <그림 7>과 같이 거주할 집과 가재도구 모든 것을 잃어 굶주린 민중들에게는 시바(芝)의 조조지(增上寺) 절에서 죽을 나누어 주었다. 그리고 <그림 8>과 같이 다이묘(大名)와 하타모토(旗本)에게는 신분에 따라서 차등을 주었지만 은 100칸메(貫目)를 배포하였고, 10년간 변제하게끔 하였다.

　막부의 구휼책은 재해 이후, 사회・도시 기능 회복을 위한 노력을 알 수 있는 대목이다. 하지만 더 많은 피해를 입은 사회적 약자 계층에 대한 구체적인 대책은 제시되어 있지 않다. 실제로 메이레키 대화재로 인한 무연고의 히닌(非人) 사망자가 셀 수 없이 많아 구루마 젠시치(車善七)와 시바의 마쓰에몬(芝の松右衛門)이 이들의 시체를 거두었다는 지적이 있다.[30] 이와 같은 재해 상황 속에서 그 피해 상황과 복구 대책에서도 주목받지 못한 당시의 피차별민에 대해서는 추후 별고를 통해서 구체적으로 고찰하겠다.

30　倉地克直(2016)『江戸の災害史』中央公論社、pp.50-51.

| 참고문헌 |

김미진(2021)「근세시대 재해 속 서벌턴 피해자－1807년 에이타이바시(永代橋) 붕괴 사건을 중심으로－」『日本語文學』93, 일본어문학회, pp.270-290.

김영호(2012)「『에도명소기(江戸名所記)』에 나타난 아사이 료이(浅井了意)의 집필의도 고찰」『日本言語文化』22, 한국일본언어문화학회, pp.475-476.

岩本馨(2021)『明暦の大火：「都市改造」という神話』吉川弘文館、pp.1-269.

裏本誉至史(2005)『江戸・東京の被差別部落の歴史』明石書店、pp.58-90.

倉地克直(2016)『江戸の災害史－徳川日本の経験に学ぶ－』中央公論社、pp.3-20、pp. 50-51.

水江漣子(1972)「仮名草子の記録性-『むさしあぶみ』と明暦の大火-」『日本歴史』291、日本歴史学会、pp.1-14.

長島弘明(2018)『迦具都遅能阿良毗』考－上田秋成が見た天明京都大火－」『日本學研究』53、檀國大学校日本研究所、pp.9-32.

日本随筆大成編輯部(1996)『日本随筆大成』第三期、吉川弘文館, pp.371-441.

長谷川成一(2005)「明暦三年江戸大火と現代的教訓」『ぼうさい』26、内閣政策統括官、p.16.

フレデリッククレインス著(2019)『オランダ商館長が見た江戸の災害』講談社、pp.75-80.

森田健司(2015)『かわら版で読み解く江戸の大事件』彩図社、p.96.

小鹿島果編(1983)『日本災異志』五月書房、pp.1-21 国会図書館所蔵本 請求記号: 44-145, https://dl.ndl.go.jp/info:ndljp/pid/770752(閲覧日: 2021.11.25)

長谷川成一・小沢詠美子・関沢愛・多田浩之(2004)「防災災害教訓報告書(1657 明暦江戸大火)」日本内閣府政策統括官、p.14. https://www.bousai.go.jp/kyoiku/kyokun/kyoukunnokeishou/rep/1657_ meireki_edotaika/index.html(閲覧日:2022.02.17)

『むさしあぶみ』 https://www.wul.waseda.ac.jp/kotenseki/html/wo01/wo01_03396/ index.html(閲覧日: 2021.11.08)

제4장

일본의 「덤불 속」
선주민 페미니즘의 발아와
일본 식민지주의 그리고 그 망각

이시하라 마이(石原真衣)

1. 머리말: 〈국가 − 식민지주의 − 신자유주의〉의 틈새에서 꼼짝 할 수 없는 장소로부터

우리들은 지금 옆 나라를 향한 '침략'으로 발발한 전쟁을 눈앞에서 보고 끊임없이 요동하고 있다. 그리고 한편으로 아직 침략당한 상황이 진행 중인 홋카이도(北海道)나 오키나와(沖縄)는 '코스메틱(Cosmetic)한' 다이버시티(Diversity) 추진으로 인해 점점 뒤처지고 있는 듯이 보이기도 한다. 식민지주의라는 괴물이자 유령과도 같은 것을 생각할 때는 마치 '덤불 속[1]'에서 길을 헤매는 듯한 감각에 사로잡힌다. 도쿄에서 사용하는 전력을 생산하던 후쿠시마에서는 2011년 3월

11일에 일어난 동일본대진재와 원전사고로 인해 다양한 침묵을 끌어안았다. 조선에서 식민지주의적 경제의 성공을 거뒀음에도 제2차 세계대전에서 패배하면서 대부분의 자산을 잃은 후, 기업의 사활을 걸고 구마모토현(熊本県) 미나마타시(水俣市)에 공장을 차린 <짓소(チッソ)>는 인간을 포함한 자연과 생태계를 파괴적으로 훼손했고, 그 결과 현재도 공해가 초래한 병으로 괴로워하는 사람들이 있다. 편리한 생활의 향유를 결코 멈출 수 없는 우리 인류와 그 공범관계에 있는 신자유주의(Neoliberalism) 경제와 정치에 의해 미나마타병 환자의 고통과 괴로움은 망각되어 시각화될 기회를 잃어버린 것처럼 보이기도 한다. 미나마타병에 걸린 당사자 오가타 마사토(緒方正人)는 '짓소는 제 자신입니다'라는 선언을 하여 자신을 포함하여 문명사회를 향유하는 근대의 병리를 예리한 언어로 표현하였다. 그것은 미나마타가 낳은 하나의 중요한 사상이라고 할 수 있을 것이다. 미나마타병 환자에 의해 이루어진 자기비평을 동반한 근대와 문명 비판 속에는 앞으로 다가올 미래를 창조할 싹이 깃들어 있다. 그러나 그것이 비록 미래를 개척하는 것이라 할지라도, 자신을 둘러싼 상황을 이해하지도 못하고 일방적인 식민지주의적 수탈에 의

---

1 아쿠타가와 류노스케(芥川龍之介)의 『덤불 속(藪の中)』에 관한 탁월한 논고가 무라카미 야스히코의 저서 『交わらないリズム』에 있다. 무라카미 야스히코는 아쿠타가와 류노스케의 소설에 관해 언급하며 '상황의 사각(死角)이란 단지 <시점의 위치에 따라 받아들이는 방법이 다르다>는 것에서만 유래하는 것이 아니다. 들키지 않고 인간을 자극해서 움직이게 하는 <상황의 흐름>이야말로 사각에 숨은 상황의 구멍인 것이다. 그리고 당사자에게서 누락되면서 상황도 성립시킨 것도 이 <상황의 흐름>이다. <상황의 흐름>은 <신체 여백>의 절대적인 외부이며 동시에 우리들에게는 어찌할 수 없고 볼 수도 없는 흐름이다'(村上靖彦(2021) 『交わらないリズム——出会いとすれ違いの現象学』, 青土社, p.108)고 했다.

해 생활과 생명의 대부분을 한순간에 훼손당한 '인간'에게 가해성
(加害性)을 들이대는 것은 그 사람들에게 더욱 심각한 상처를 주는 것
이 아닐까? 혼란에 빠진 나는 이들 틈새에서 꼼짝하지 못하고 있다[2].

이 글은 일본의 덤불 속을 엿보고자하는 시도이다. 그 일환으로
선주민 페미니스트인 나 자신에게 일본사회가 어떻게 보이고—혹
은 보이지 않은 채— 있는지에 관해서 이야기하고자 한다. 기존 연
구나 언설, 언어나 이미지 등과 같이 선행하는 것 위에 그 시점을
위치시키는 대신에 따로따로 존재하는 장소나 언설, 시점을 일단
있는 그대로 제시하고, 그 교차점의 틈새로 보이는 덤불 속에 있는
하나를 가시화하고자 한다.

2. 일본인의 백인성(白人性)

민족공생상징공간(통칭 우포포이)의 홈페이지에서는 우포포이센터
가 '긴 역사와 자연 속에서 키워온 아이누 문화를 다양한 각도에서
전승·공유하며, 동시에 사람들이 서로 존중하고 공생하는 사회의
심벌로써 또, 국내외와 세계를 가리지 않고 아이누의 세계관이나
자연관 등을 배울 수 있도록 필요한 기능을 갖춘 공간'이라고 소개
한다[3]. 아이누 문화를 향한 사회적 인식이 높아지면서 아이누가 항

2　「狹間で立ち尽くす」('틈새에서 꼼짝하지 못하고 있다/틈새에서 꼼짝할 수 없는'
　　으로 번역)라는 말은 소중한 벗 와나타베 준(渡辺純) 씨가 사신(私信)으로 전해
　　준 것이다. 본인의 허락을 얻어 게재하였다.
3　ウポポイ(民族共生象徴空間) 공식사이트에서 인용.

상 차별적인 시선 아래에 놓일 수밖에 없었던 시대는 과거인 듯 보이기도 한다.

하지만 한편으로는 아이누 출신 사람들에 대한 결혼차별이 존재하며, 아이누 민족에 관한 통계의 부재로 인해 데이터로는 파악되지 않지만, 아이누의 자살은 없어지지 않는다. 또 아이누를 향한 배타주의(Chauvinism)적인 공격이 점점 가열되는 측면 역시 존재한다. 문화에 대한 찬양과 이런 인종주의(Racisim)를 배경으로 한 차별이나 상처가 양극단에 위치하기 때문에 이들 사이를 잇는 가교를 위한 논의가 필요한 것이다.

아이누 민족문제에서 식민지주의를 볼 수 없게 만드는 배경에는 일본인이 자신의 인종적 특권성을 인지하지 못하는 현상이 있다는 사실을 지적하고자 한다. 아이누의 전통적인 삶 혹은 토지를 수탈한 정당성은 아이누의 '인종화'를 통해 획득할 수 있었다. 인종화란 결국 그 집단이 '인간이 아니다' 또는 '우리와는 다른 열등한 인간이다'고 인식하는 것이다. 식민지주의적 수탈은 인간을 '인간이 아니다'고 인식하는 것으로 인해 이루어진다. 그리고 그것은 인간 집단에 대한 서열 부여를 필수로 한다는 점에 있어서 집단의 인종화행위라고 할 수 있다.

홋카이도의 개척에는 죽을 때까지 노동을 시키는 죄수 노동과 노동력이 되지 않는 '열등 인종'으로 '이미 죽은 자로 살' 것을 아이누에게 강요하는 '생의 박물관화'이라고 하는 이중적인 '죽음의 정치'가 있었다[4]. 이런 인종화 프로세스가 홋카이도에서의 식민주의(Cololnialism)를 가능하게 만들었다. 또 최근 번역된 리차드 시들(Richard

Siddle)의 『아이누 통사─천민부터 선주민족으로(Race, Resistance and the Ainu of Japan)』는 일본의 인종정치에 관해서, 원저가 간행된 25년 전이라는 이른 시기에, 상세히 논한 귀중한 연구이다.

아이누는 '멸종해가는 사람들'로 인종화 되면서 수탈 가능한 존재가 되었다. 하지만 인종화와 그에 따른 수탈은 아이누가 인종이 아니라 일본의 독자적인 '민족'이라는 개념으로 치환됨으로써 가시화될 수 없는 것으로 변해갔다. 민족이라는 개념에는 집단을 인종화해서 식민지주의적 수탈을 가능하도록 만드는 측면이 내포되어있다는 논의가 진전되면─결국 민족 개념에 인종적인 측면이 포함된다면─ 문제는 경감되겠지만, 그러한 논의는 진행되지 않았다. 종래의 일본민족학회는 2004년 4월 1일에 '일본문화인류학회'로 명칭을 바꿨다. 인종은 없다는 명분이 있었고 민족이란 무엇인가 하는 논의가 사그라들어서, 학회 명칭 변경에서도 드러나듯이, 집단의 근거는 인종이나 민족이 아니라 영미인류학적인 문화 개념의 규정을 따르게 되었다.

이런 현상과 호응하듯이 1997년에는 아이누의 문화진흥과 아이누 전통 등에 관한 지식의 보급 그리고 계발에 관한 법률(통칭: 아이누 문화진흥법)이 제정되어 아이누란 '아이누 문화를 계승하는 사람들'이라고 하는 거대서사(Master Narrative)가 우세해졌다. 아이누 민족문제를 문화계승에 한정함으로써 탈정치화가 촉진되었다. 인종화로 인해 발생한 다양한 사회문제를 파헤칠 수 있는 계기를 잃어

4 平野克弥(2018) 「「明治維新」を内破するヘテログロシア──アイヌの経験と言葉」『現代思想』第四六巻九号, 青土社.

119

가고 있는 것이다.

아이누가 인종화라는 과정을 통해 식민지주의적 수탈이 가능해
졌다는 논리가 일본의 아카데미즘이나 언설공간에서 부재하는 현
상은 일본 페미니즘에서 보다 현저하다[5]. 페미니즘이라는 문맥에
서 현재 주목 받는 '인터섹슈얼리티(intersexuality)'에 관한 논의는 블
랙페미니즘이라는 문맥을 받아들인 것이다. 인터섹슈얼리티에서
인종주의 문제가 중요하다는 사실은 일본의 많은 논자들도 언급했
지만, 인종주의의 내실을 아이누·재일한국인·피차별 부락·오
키나와 등과 같이 일본에 있는 인종적 타자라는 문제로 여기는 논
고는 찾을 수 없다.

일본에는 '백인적'인 일본인(인종적 특권성을 갖는 사람들)과 '흑인적'
인 일본인(인종적인 타자의 위치에 놓인 사람들)이 있다고 가정하면, 일본
인 페미니스트가 자신의 백인성을 의식하지 않고 논의한다는 사실
은 저작이나 연구 성과를 보면 자명하다. '재일코리언' 여성 정영
혜(鄭暎惠), 아이누 여성인 치캇프 미에코(チカップ美惠子), 또 피차별 부
락 여성의 운동 등도 지금까지 엄중한 문제제기를 했다. 하지만 일
본 페미니스트는 아직도 자신들의 인종적인 특권성='백인성'을 알
아채지 못하고 있다. 여기에는 일본 근대의 존재 방식이 잘 드러나
있다고 볼 수 있을 것이다. 홋카이도나 오키나와뿐만 아니라 한국
을 포함한 구식민지에 대한 식민지주의적 수탈은 인종화 프로세스

---

5 인터섹슈얼리티나 일본 페미니즘의 과제는 石原真衣·下地ローレンス吉孝
(2022)「討議 インターセクショナルな「ノイズ」を鳴らすために」『現代思想2022年5月
号 特集＝インターセクショナリティ—複雑な＜生＞の現実をとらえる思想—』, 青土社를
참조하기 바란다.

를 통해서 가능했지만, 그 기억은—아시아이면서 제국으로서 세계 대전에서 주요 배역을 맡은 끝에 대패를 맛보았다는 역사의 복잡한 문제도 있어서— 일본 안에서는 계승되지 않았다. 해외 많은 나라의 전쟁에 대해서는 '침략은 있어서는 안 된다'는 말을 하면서도 일본에 의한 침략이 불가시화된 것이 그 증좌라 할 수 있다.

페미니스트를 포함하여 많은 일본인 여성은 자신을 위민 오브 컬러(Women of Color)로 규정한다. 그 배경에는 일본인이 겪은 인종적 타자로서의 경험이 있으며, 이는 페미니즘의 문맥에서는 자주 언급되고 있다. 하지만 그 때 덤불 속에 던져진 것은 일본은 '남부(South)'가 아니라 종래의 제국이며 아직도 홋카이도와 오키나와는 식민지화/침략당한 채로 있다는 현재의 상황이다. 일본인 페미니스트를 필두로 한 지식인들에 의해 행해지는 인종적 특권성의 망각과 홈이 아닌 어웨이인 '서양의 많은 나라들'에서 위민 오브 컬러로서 겪은 경험이 일본에서 인종적 타자의 상처나 통증을 가시화하지 못하게 하는 역학이 되고 있다는 점은 중요하다.

3. '잘못된 장소에 속한 신체'로부터의 물음

다수파/주류파에 속한 사람들은 라벨링으로부터 벗어나기 위해서 투명하게 있을 수 있다[6]. 한편, 소수파/주변화 된 사람들은 비대

---

6 미국인 법학자 마크 레빈(Mark Levin)은 미국의 백인을 훨씬 능가하는 아이누 이외의 일본인의 투명성에 관해 이야기하였다(レヴィン, M., 尾崎一郎訳(2008)

칭적인 라벨링에서 벗어나서 사회운동을 하는 것은 지극히 곤란할
것이다. 더군다나, '재일코리언' 여성인 정영혜가 논한 것처럼 마
이너리티 내부에서도 더 약한 입장에 놓인 사람이 억압받는 문제
나 임상심리학자인 노부타 사요코(信田さよ子)가 제기한 것과 같이 '피
해자 권력의 발로(發露)'에는 당사자성이 일종의 "집안에 전해오는
보검"이 되어서 자신들이 받아온 폭력을 다른 폭력으로 연쇄시키
는 문제도 있다. 양자에 내포된 이런 구조적인 과제나 문제를 나 자
신의 어노멀리(anomaly)성으로 지켜봐왔다. 문화인류학자인 다나카
마사카즈(田中雅一)는 '잘못된 장소에 속한 신체7'라는 개념을 가지고
현대사회를 비춰냈다. 이는『<침묵>의 자전적 민족지(<沈黙>の自伝的
民族誌)』라는 졸저에서 다룬 메리 더글라스(Mary Douglas)의 '이례적인
것(어노멀리(anomaly))'과 '애매한 것(앰비규이티(ambiguity))'의 논의에 관
련된 것이라 할 수 있다. 아이누와 그 이외의 일본인 쌍방이 가진
'문화 안경'으로 볼 수 없는 일본의 '덤불 속'을 내가 볼 수 있었던
것은 나 스스로가 잘못된 장소에 속한 신체/어노멀리성를 가지고
있었기 때문이다. 잘못된 장소에 속한 신체로 인해 '사각에 숨어있
는 상황의 구멍'에 침입하는 것이 가능해 진다.

　선주민 출신을 어머니 쪽 계보로 하고 '개척 리더'인 고토니톤덴

「批判的人種理論と日本法和人の人種的特権について」『法律時報』80(2), 日本評論
社, pp.80-91.)
7　다나카 마사카즈는 일본인이 좋아할 만한 '귀여운' 무취(無臭)의 신체가 아니
　라 메리 더글러스가 이례적인, 잘못된 장소의 존재로 논한 천산갑—최근에는
　코로나 바이러스의 중간 숙주라고도 하는 동물—과 같은 신체가 중요하지 않을
　까하는 제기를 했다.

헤이(琴似屯田兵) 출신을 아버지 쪽 계보로 하는 나는 다수파/주류파
인 아이누 이외 일본인에게서도, 소수파/주변화 된 사람들인 아이
누에서도 거처[8]를 찾지 못하고 지내왔다. 구조와 구조 사이에 놓인
물건이나 사람은 제 삼항의 배척 대상이 된다. 하지만 한편으로 인
류학자 빅터 터너(Victor Turner)가 커뮤니타스(communitas)론을 통해서
이야기한 것과 같이, 그러한 영역은 새로운 전개를 생성하는 영역
이기도 하다. 스스로의 복잡한 출신이라는 독특한 장소로 인해서
아이누나 그 이외의 일본인이 볼 수 없는 구조적 과제를 볼 수 있었
다. 바꿔 말하면 '잘못된 장소에 속한 신체'로 살아간다는 것은 배
제되고 말살되면서 동시에 새로운 가능성을 제시하는 천산갑과 같
은 존재라고 할 수 있을 것이다.

4. '책임'의 행방과 당사자의 죄책감 – 홋카이도와
   오키나와로부터의 물음

다수파/소수파, 아이누인 이외의 일본인/아이누라는 이원론적

---

8 무라카미 야스히코는 거처에 관해서 "'아무것도 하지 않아도 좋은' 장소의 거
   처는 '이야기하지 않아도 좋은' 장소이기도 하다. 이 침묵은 비밀을 지키기 위
   해서 침묵하는 것이 아니라 안심해서 정숙을 유지하는 의미의 침묵이다. 이
   것은 리듬의 느슨함을 가리키는 별명이기도 하다. 자신을 표현하는 언어는
   이런 침묵을 모체로 해서 태어난다. 때문에 '이야기 하지 않아도 좋은' 거처의
   존재 방식은 언어가 태어나기 위한 조건이기도 하다. 침묵이 가능하기 때문
   에 이야기하는 것도 가능한 것이다(무라카미 야스히코, 주석 1)의 책, p.86.)"고
   이야기 했다.

구조에 들어맞지 않는 주체인 나는 틈새에 끼인 입장에서 쌍방이 무의식중에 내포하는 과제에 관한 생각을 해 왔다. 이하에서는 다수파가 책임질 수 있는 당사자성의 범위[9]와 '책임'의 행방, 그리고 소수파 당사자가 끌어안은 죄책감에 관해서 오사카로 이주한 오키나와 출신 긴조 가나구스쿠 가오루(金城カナグスク馨)와의 대담을 통해 생각하고자 한다[10].

> 이시하라: (중략) 저는 지금 선주민 페미니즘을 홋카이도에서 시작했어요. 거기서 오시로 나오코(大城尚子) 씨[11]가 구시 후사코(久志芙沙子)[12]에 관해 다양하게 소개해 주셔서 읽고 있어요. 구시 후사코는 오키나와 사람들의 세

---

9 다수파(또는 가해자 측)가 당사자성을 받아들이는 방법에 관해서는 오사카 대학의 무라카미 야스히코 씨와의 깊은 논의를 통해 시점을 획득할 수 있었다. 무라카미 야스히코 씨에게 감사 드리며, 이후의 논의에서도 진전을 이루고 싶다.

10 石原真衣・金城カナグスク馨(2022)「スキマに居続ける／狭間に立ち尽くす 反—共生宣言！とノイズを立て続けること」『多元文化交流』(14), 台湾東海大学(近刊).을 자료로 인용했다.

11 오키나와국제대학 비상근 강사. 박사(국제공공정책).

12 오키나와현 출신 소설가. 슈리(首里)에서 태어났다. 본명은 쓰루(ツル). 아버지 구시 스케야스(久志助保, 1915년 사망)와 조부 구시 스케노리(久志助法, 1900년 사망)는 둘 다 한시에 뛰어났다. 조부는 류큐왕국 평정소에서 중국이나 일본과 관계한 문서를 작성하는 '필자주취(筆者主取)'를 폐번될 때까지 역임하고 그 후에도 쇼(尚) 씨 집안의 일을 했다.(『琉球新報』2007년 4월 25일, 『沖縄タイムス』2007년 4월 21일). 오키나와현립 제일고등여학교 졸업 후에 소학교 교원이 되었다. 27세 경에 소설가를 지망하여 상경하였고, 결혼하여 아이도 낳았다. 1932년 6월에 잡지『婦人公論』에 구시 후사코(久志富佐子, 한자가 다름:역자)라는 이름으로 소설 「멸망해 가는 류큐 여성의 수기 지구의 구석으로 밀려난 민족의 한탄을 들어주오(滅びゆく琉球女の手記地球の隅っこに押しやられた民族の嘆きをきいて頂きたい)」(원제는 「구석의 비애(片隅の悲哀)」)가 게재되었다. 게재 직후에 도쿄 오키나와현 학생회 등에서 편집부와 구시 후사코에게 연재 중지와 사죄를 요구. 7월에 성명문을 기고. 이후 절필.

대간(世代間) 분석이나 오키나와 사람들 속에 있는 차별, 그리고 오키나와 사람에 의한 아이누의 차별 등을 예리한 언어로 표현한 사람이에요. 가오루 씨는 가오루 씨가 속한 촌락 사람이나 가오루 씨 부모님과 할아버지·할머니 일, 스스로가 차별 받지 않고 싶기 때문에 거절했다고 말씀하셨지요? 그건 오키나와 사람도 마찬가지고, 아마 아이누족 사람도 그럴 테고, 구시 후미코가 쓴 이야기들 속 등장인물들도 동일하다는 느낌이 들어요. 제가 지금 선주민 페미니스트에서 생각하고 싶은 것은 당사자의 죄책감과 당사자에 의한 폭력이에요. 오늘 가오루 씨 이야기 중에서 이 두 가지가 있었어요. 예를 들면 자신이 차별을 받고 싶지 않기 때문에 자신이 속한 촌락 사람들을 차별한 것은 아닐까하고 이야기한 죄책감이 있잖아요?

(중략)

가나구스쿠: 글쎄요. 스스로의 경험에 비춰 이야기하자면, 또 다른 삶의 방식이 있는 커뮤니티 속에서 우리의 2세대와 3세대가 어떤 식으로 고통을 받으며 살게 될 것인가를 우리 부모님들이 경험으로 알고 있었다면, 그에 대한 어떤 대처법이 있었을지 모르지만, 모두가 처음 겪는 경험 속에서 1세대는 1세대대로 살아가기만으로도 벅차거나 하지 않았을까요?

그런 속에서 1세대는 1세대로서 받는 차별로, 2세대

125

는 2세대로서 또 다른 차별로 괴로워한다는 이야기
는, 아마 입장이 다르기 때문에 알 수 없다고 생각해
요. 그래서, 알지 못하는 사이에 생긴 자신의 문제, 개
인의 문제가 되었고, 개인의 문제가 아니지만 개인의
문제로 되어서 개인이 생각할 때 생기는 현상이라고
는 생각하지만요.

이시하라: 1세대는 1세대대로, 예를 들자면 2세대를 향한 죄책
감이라든지, 2세대는 2세대대로, 예를 들면 차별받고
싶지 않기 때문에 자기의 촌락을 거절한다는 죄책감
이 되거나, 죄책감이 당사자 속에서 빙글빙글 돌고 있
다는 생각이 들어요.

그래도 한편으로는, 예를 들자면 야마토(大和)민족이
라든지 아니누 이외의 일본인이라든지 하는, 마이너
리티가 아닌 사람들이 죄책감을 가지고 있느냐 하면
대부분의 경우는 가지지 않고, 오히려 함께 살아보자
든지, 차이를 받아들이자든지 긍지를 회복해라라는
등의 말을 건네요. 죄책감을 갖는다는 게 당사자 쪽에
많다는 생각이, 우선 드네요.

(중략)

이시하라: 가오루 씨의 이야기로 돌아가면, 재일코리언에게 본
명을 듣는 모임을 열었다는 것이 가오루 씨 안에서는,
우리가 폭력을 휘두른 것이 아닐까하는, 어떤 의미에
서는 가오루 씨 안에서 상처가 되었다. 하지만 그렇기

126

때문에 그러한 소수자들의 폭력에 관해서 생각하는 계기가 되기도 했다는 생각이 들어요. 마이너리티가, 서로가 어떻게 하면 어찌어찌 살아갈 수 있는 방법이 있지 않을까, 어떻게 하면 다른 사람과 같은 평균이 될 수 있을까 하는, 모두 시행착오를 겪은 실수가 하나씩 있잖아요?

가나구스쿠: 네.

이시하라: 그게 폭력이 되는 일은 많이 있는데, 그 폭력조차도 자신들 탓이 아니라 발견된 폭력이라는 생각도 하게 돼요.

가나구스쿠: 그렇게 생각해요. 제가 이야기한 그 때의 폭력, 그 흐름을 만든 것은 제가 생각해서 한 것이 아니라 인권운동을 하고 있는 일본인들이 하고 있는 것이에요. 그게 교사인데요. 지도를 하는 교사가 그런 방식을 지도하는 거죠.

결국 그 방식을 저도 올바르다고 생각하고 저질러 버리는 거죠.

그것은 주체성이 없다는 문제는 드러나지만, 그 폭력의 본질은, 자기 안에 있는 큰 책임의 폭력이라는 소재가 자신의 안이 아니라 일본인의, 그러한 운동을 하는 쪽에서 인권을 이야기하는 사람들 속의 폭력이라는 식으로 생각해요.

인종적 특권성을 갖는 일본의 다수파가 미국의 백인을 훨씬 능가하는 투명성을 갖는다면, 스스로가 속한 국가가 어떤 침략과 본원적인 축척을 기반으로 근대화 프로세스를 진행시켰는지에 관한 기억을 그들이 계승하고 있다고 이야기하기는 힘들다. 이러한 상황 속에서 역사와 사회적 상황으로부터 주변화 된 사람들이 스스로가 처한 곤란의 배경을 자기 책임으로 인식하는 점은 심각하다. 당사자가 끌어안은 죄책감은 그 상처들이나 생활의 어려움들을 역사나 사회의 문제로 위치 지을 수 없게 만든다.

한편, '양식(良識)있는 지식인/지지자'는 체제나 국가를 향한 비판을 사회운동의 원동력으로 삼기 때문에 다수파로서의 책임 범위가 비대해진 경우가 적지 않게 있다. 국가적 혹은 조직적인 죄를 개인이 사죄할 수 있을까? '잘못했습니다'라고 개인이 사죄하면 화해나 치유로 이어질 수 있을까? 좁은 틈새에 끼인 입장에서 보이는 것은 아이누나 오키나와와 같이 주변화 된 당사자가 적절하지 않은 책임을 지고 있고, 다수파인 비당사자는 투명하기 때문에 무관심하게 있을 수 있거나 또는 개인이 짊어질 수 있는 책임의 크기를 훨씬 넘어서 일방적으로 책임을 지려고하는 듯하다. 이 대부분이 절실한 현실 아래서 만들어지는 것이면서도, 하지만 식민지주의적인 배경에서 발생한 다양한 곤란이나 폭력을 당사자가 자신의 책임으로 귀결시키는 것도, 비당사자가 무관심할 수 있거나 비대화한 책임을 마음대로 짊어지려 하거나 하는 것도, 비뚤어진 구조를 더욱 비뚤어지게 만든다고 생각하지 않을 수 없다. 소수파도 다수파도 동시에 마땅한 면책과 책임이 필요가 있다. 다수파가 역사적 또는 국가적인 죄를 개인으로서 지는 일은 현실에서는 없으며, 소수파가 역사적 또는 국가적인 수탈과 차별에 의해서 발생한 상처를 개인의 책임으로 귀결시켜서는 안 된다. 쌍방 책임의 범위에 관한 깊은 논의가 필요하게 된 것이다.

5. 동아시아 지정학과 일본의 배타주의

아이누 민족을 둘러싼 현재의 상황에서 무엇보다 심각한 문제와 '덤불 속'의 하나는 인종주의이다. 양영성(梁英聖)이 정확하게 이야기 한 것처럼, 일본에는 반인종주의 규범이 존재하지 않는다[13]. 뿐만 아니라, 인종주의가 있다는 그 이전의 전제조차 존재하지 않는다. 많은 경우 일본에서 인종주의는 흑인과 백인 사이에서 피부색의 차이가 일으키는 차별문제로 받아들인다. 하지만 이 글에서 확인한 것과 같이 아이누 민족을 둘러싸고 있는 곤란한 현재 상황은 일본의 근대화 과정에서 아이누나 오키나와 그리고 동남아시아 여러 나라 사람들이 국가의 폭력 아래서 인종화를 거친 결과로 발생한 역사적·사회적 문제이다. 이상하게도 '침략은 나쁘다'는 용감한 목소리가 매일 들려오는 현재 상황에서 침략당한 채로 있는 홋카이도와 오키나와의 문제는 배후로 밀려나 있다. 일본에 의한 식민지주의가 발생한 요인에 관한 충분한 이해가 인종정치적 관점에

13　梁英聖(2020)『レイシズムとは何か』, 筑摩書房.

서 이루어졌다고 이야기하기는 어렵다.

인종주의를 포함한 일본형 배타주의에서 가장 중요한 점은 동아시아 지정학에 기반을 두고 이해하는 것이라고 한다[14]. 배타주의를 가지고 누군가를 공격하는 사람들은 지금까지 '근대화의 패자'로 여겨졌다. 확실히 그런 측면은 있지만, 배타주의자가 조직화에 나름의 성공을 거둔 배경에 그들을 동원하는 다양한 장치가 있다는 점은 더욱 중요하다. 모든 사회적 요인이 인류가 지금까지 경험한 적 없는 인터넷이라는 조직화 툴과 결합하여 동원은 확대된다. 신자유주의가 초래한 개인의 원자화나 경제격차, 일본에서는 제2차 세계대전 패배 후에 있었던 미국화와 과거 제국의 식민지주의적 망각 등, 다양한 정치경제적이고 지정학적인 배경과 섬 우주가 서로 얽혀서 아이누와 인종적 타자를 향한 공격이 가혹함을 더하고 있는 것은 아닐까[15]?

일찍이 사회학자 미야다이 신지(宮台真司)는 가치를 공유하는 사람들에 의해 형성된 장(場)을 섬 우주화라고 불렀다. 섬 우주화로 인해 소위 말하는 도덕의 소멸이 찾아왔다. 그것은 도덕이 세상 사람들의 시선에 의거해서 스스로를 규범하는 작용이기 때문이다[16]. 미야다이 신지가 섬 우주라는 개념을 제시한 것은 20세기였다. 그 이후

---

14 樋口直人(2014)『日本型排外主義　在特会・外国人参政権・東アジア地政学』, 名古屋大学出版会.
15 배타주의와 침묵에 관해서는 石原真衣(2019)「われわれの憎悪とは：「一四〇字の世界」によるカタストロフィと沈黙のパンデミック」『対抗言論：反ヘイトのための交差路』(1), 185-195, 法政大学出版局.를 참조하기 바란다. 이를 이 글에서도 일부 수정하여 인용하였다.
16 宮台真司(1994)『制服少女たちの選択』, 講談社, p.87.

인터넷이라는 새로운 커뮤니케이션 방법이 탄생하고 사람들은 보다 간단하게, 그리고 부하(負荷)없이 섬 우주를 형성할 수 있게 되었다. 그것은 '세상 사람들의 시선'이 닿지 않기에 도덕이 소멸된 장소라고 해도 좋을 것이다. 배타주의를 지향하는 사람들은 때로는 단순히 같은 가치관을 공유하는 장(場)인 섬 우주를 넘어서, 히구치 나오토(樋口直人)가 상세하고 명확하게 이야기한 것과 같은 조직화·사회화를 이룬 것이다.

히구치 나오토의 연구에서는 일본에서 "외국인 배척을 주된 목적으로 한 지속적인 조직화(원저의 방점)는 현재의 배타주의 운동이 처음이라고 이야기 할 수 있는 것이 아닐까?"[17]라고 이야기하고, 배타주의 운동이 이미 '병리적인 통상'이 되었으며 통상적인 민주주의의 일부로 보인다고 선언했다[18]. 이런 현실이 일반적으로 인식된다고는 말할 수 없다. 내가 배타주의적 혐오로 피해를 당했을 때, 그 때까지 아이누 인권문제나 사회운동에 관여해온 당사자와 지지자 대부분은 '불이해[19]'의 태토를 보였다. 그런 태도는 나의 마음과 신체에 심각한 상처를 입혔다. 아우슈비츠 강제수용소에서 살아 돌아온 프리모 레비(Primo Levi)나 히로시마에 투하된 원폭에 피폭된 하라 다미키(原民喜)가 '말이 통하는 사람들을 살아있는 사람들 중에

---

17 樋口直人, 前揭書, p.10.
18 樋口直人, 前揭書, p.10.
19 '불이해'란 '당신의 이해는 이해가 아님을 알아주십시오.'라고 한다. '나는 알고 있어요'라는 말이 원전사고 피난문제를 둘러싸고는 다양한 폭력으로 연결될 가능성이 있다. 山下祐介·市村高志·佐藤彰彦(2013)『人間なき復興 原発避難と国民の「不理解」をめぐって』, 明石書店, p.26.

서 찾는 것은 지극히 곤란하여'[20], 이후에 자살한 것도 불이해의 태도가 관계한다. '죽을 만큼 괴롭지만 모두 모른 척 했다. 그것이야말로 참을 수 없는 고통'이었다.

프리모 레비나 하라 다미키의 생명을 앗아간 것은 아우슈비츠 강제수용소나 원폭에 피폭된 체험만이 아니다. 그들은 두 번 죽임을 당했다. 그 아픔을 '모른 척 한' 방관자들의 눈길은 그들을 죽음으로 내몰았다. 방관자의 '보지 않으면 문제 없어' · '신경 쓰지 않으면 문제 없어' · '불쌍한 사람들이 하고 있을 뿐'이라는 말은, 뒤집으면 상황의 심각성을 파악하지 못하기 때문에 적당한 말로 메우는—결국 적절한 말이 아니라는 의미에서 '언어의 부재'이다. 방관자의 무관심이나 불이해는 배타주의의 대상이 된 사람을 때로는 죽음으로 내몰아서 배타주의자들의 조직력을 높이는 결과를 초래할 것이다. 이렇게 배타주의를 둘러싼 상황의 모든 국면에서 침묵—언어의 부재라는 팬데믹이 일어나서 증오라는 감정의 감염을 가능하게 만드는 장치가 된다.

프로이트는 인간에게서 폭력충동을 없애는 것은 본질적으로 있을 수 없다고 한다. 폭력에 관한 깊은 사유를 지속한 철학자 이마무라 히토시(今村仁司)는 '그 현상들은 사회형성과 사회체(社會體)의 운동이나 역사의 기초에 있는 것이지 단순한 일탈적 병리현상이 아니다'[21], 나아가서는 '세계는 원리적으로 폭력을 내재시킨다고 이야

---

20 鎌倉英也(2015) 「「記憶の遺産」が問う現在　プリーモ・レーヴィと原民喜の言葉を手がかりとして」, 日本平和学会2015年度春季研究大会部会 4 報告(2015年7月15日発表), 日本平和学会ホームページに掲載.

21 今村仁司(1982)『暴力のオントロギー』, 勁草書房, p.1.

기할 수밖에 없다. 계속 이야기 하자면 인간이란 폭력적인 존재이 다'[22]라고 이야기 했다. 이마무라 히토시는 비관적으로 폭력을 사색한 것은 아니다. 물리적인 강제력을 갖는 폭력force을 해체하기 위한 폭력violence, 즉 '폭력을 없애는 힘'에 관해서도 이야기했다.

폭력의 전제 중 하나는 배제이기 때문에 증오의 감정에 의한 배타주의를 생각할 때에도 시사적일 것이다. 본래 원시사회에서는 물리적 강제력을 갖는 폭력force과 그것을 해체하는, 혹은 공동체 형성이나 유지에 필요한 종류의 폭력violence을 갖추고 있었다. 하지만 문명사회로 접어 들어서 폭력이 좋지 않다는 전제는 force만을 존재하도록 만들게 되었다. 우리들은 폭력이나 증오의 기원이나 발전, 현재 상황에 관해서 알지 못한 채 단죄하고 배제하는 것에 신중하지 않으면 안 된다. 그런 상태는 물리적 강제력을 갖춘 폭력을 팽창시킬 뿐이다. 촌락사회에서 목소리는 세상 사람들의 제재로 인해 지성이나 자본 또는 강력한 말에 억압되었지만, 익명성을 갖춘 인터넷상에서는 대량으로 트윗할 수 있게 되었다. 히구치 나오토의 연구에서 가장 참고가 되는 점 중의 하나는 배타주의자가 되기 위한 동원과정으로써 인터넷의 역할이다. 과거 촌락사회에 있었던 것과 같은 세상 사람들의 제재가 통용되지 않는 섬 우주화 사회에서 우리는 돌발적으로 폭발하는 증오를 멈출 기술을 아직 갖지 못했다.

인종주의나 식민지주의 그리고 폭력에 관한 사색을 개개인 인간

22　今村仁司(2005)『講談社選書メチエ　抗争する人間　ホモ・ポレミクス』, 講談社, p.129.

의 도덕적인 과제로 하는 것은 본질적인 것으로부터 우리의 사유
나 시점을 빗겨나게 하는 가능성을 만든다. 수백만 명 인간의 생명
을 빼앗은 것이 '범용의 악'이라면 우리 앞에 놓인 과제는 그 폭력
이나 수탈의 배경과 단련된 사유의 체력을 대치시켜서 과거의 상
처를 치유하고 현재를 살아가는 곤란을 경감시켜서 미래에 같은
일을 반복하지 않도록 지혜를 만들어내는 것이다.

6. 맺음말: 덤불 속에는 무엇이 있는가?

홋카이도에서 시작한 선주민 페미니즘에는 아직 우리가 갖지 못
한 사유를 열어 줄 가능성이 숨어 있다. 일본은 아시아·아프리카
의 여러 나라 중에서 근대 유일의 제국이었다. 이 경험은 지리적으
로는 아시아에 속하면서 일본이 아시아를 벗어나서 서양의 일원인
것과 같은 착각을 하도록 만들었다. 하지만 당연하게도 가시적인
신체에서 대부분 일본인은 '서양인(주로 백인)'과는 다르다. 게다가
서양중심주의적 세계에서 결코 중심이 될 수 없는 일본인은 서양
사회에서는 인종적 타자로 위치한다. 아시아나 아프리카에 대해서
는 우월감을 갖으면서 서양의 일원은 될 수 없는 일본에는 아직 언
어가 부여되지 않은, 많은 '덤불 속'이 있다.

역사는 역사를 적는 주체에 의해 새겨져왔다. 쓴다는 것은 권력
과 불가분의 영위(營爲)이다. 선주민이나 피식민지인을 필두로 한
인종적 타자로 위치 지어진 사람들의 신체 경험을 비당사자가 어

느 정도로 색채를 입혀서 기술할 수 있을지, 이런 물음을 선주민 페미니즘은 가능하게 만들 것이다. 이런 물음이 '적는' 권력을 가진 인간의 기술(역사기술)은 의미를 만들어 내지 않는다로 귀결시키는 것은 아니다. 지금까지 적어온 기술에서 누락된 것의 환기(喚起)를 촉진시키고, 그 누락된 것을 주워 모아서 당사자를 어떤 식으로 치유할 수 있을지, 또 인류에게 새로운 전개를 가져와서 풍족함을 회복할 수 있을지에 관한 중요한 시점을 가지게 만들 것이다.

선주민—특히 여성이나 약한 남성—의 신체 체험에는 역사적·사회적인 상처가 새겨져있다. 그 대부분은 역사로 새겨져 있지 않다. 아카데미즘이나 언설이 권력과 불가분인 이상, 거기에서 가시화 되는 현상은 권력에 의해 가시화를 허락받은 것이다. 게다가 신자유주의가 초래한 인간 유대의 상실과 그에 따라 우경화하는 세계에 의해 아카데미즘이나 언설은 권력과 공모를 더욱 깊게 만들어버렸다. 이런 현재 상황이 인간을 살리기 위한 희생을 내포하는 것이라면 그것은 호모사피엔스의 역사에 있어서 흔한 '희생'일지도 모른다. 하지만 자본과 국가와 욕망의 공모가 과도하게 진행된 끝에 우리는 매일 자기 자신을 끊임없이 죽이고 있다. 그렇다면 우리는 지금까지와는 다른 사유의 방법을 엮어낼 때를 맞은 것이 아닐까?

선주민의 신체나 거기에서 나오는 언어에는 일본의 근대나 식민지주의, 국제적인 지정학 등 다양한 것이 각인되어 있다. 역사의 회복이 아니라 신체성의 회복을, 선주민 페미니즘은 지향한다. 그것은 주변화 된 사람들의 상처나 아픔을 가시화하는 것에 그치지 않는다. 당사자와 비당사자 쌍방이 더불어 역사적·사회적 병리에 관한 사유를 통해서 망각한 기억을 불러내서 그 책임을 개인화—또는 개인이 국가의 책임을 지려고 하는 것과 같이 극단적인 비대화—하는 것이 아니라 짊어질 수 있는 책임의 크기를 가리면서 사회와 국가전체의 기억이나 책임을 떠맡는 길을, 선주민 페미니즘은 보여줄 것이다. 우리의 사회가 내포한 병리를 재검토해서 선주민 신체성의 치유와 회복을 지향하는 일은 인류 전체가 처음으로 맞이한 위기적 상황을 회복하는 시야를 열어줄 지도 모를 일이다.

| 참고문헌 |

石原真衣(2019)「われわれの憎悪とは：「一四○字の世界」によるカタストロフィと沈黙のパンデミック」『対抗言論：反ヘイトのための交差路』(1), 185-195, 法政大学出版局.

＿＿＿＿(2020)『<沈黙>の自伝的民族誌(オートエスノグラフィー)　サイレント・アイヌの痛みと救済の物語』, 北海道大学出版会.

石原真衣 編著(2021)『アイヌからみた北海道150年』, 北海道大学出版会.

石原真衣・金城カナグスク馨(2022)「スキマに居続ける／狭間に立ち尽くす反―共生宣言！とノイズを立て続けること」『多元文化交流』(14), 台湾東海大学(近刊).

石原真衣・下地ローレンス吉孝(2022)「討議　インターセクショナルな「ノイズ」を鳴らすために」『現代思想2022年5月号　特集＝インターセクショナリティ―複雑な<生>の現実をとらえる思想―』, 青土社.

今村仁司(1982)『暴力のオントロギー』, 勁草書房.

今村仁司(2005)『講談社選書メチエ　抗争する人間　ホモ・ポレミクス』, 講談社.

鎌倉英也(2015)「「記憶の遺産」が問う現在　プリーモ・レーヴィと原民喜の言葉を手がかりとして」, 日本平和学会2015年度春季研究大会部会４報告(2015年7月15日発表), 日本平和学会ホームページに掲載. URL (https://www.psaj.org) 2022.5.30. 열람 : URL과 열람일은 역자 추가).

シドル、リチャード(2021)『アイヌ通史――蝦夷から先住民族へ』マーク・ウィンチェスター(訳), 岩波書店.

樋口直人(2014)『日本型排外主義　在特会・外国人参政権・東アジア地政学』, 名古屋大学出版会.

平野克弥(2018)「「明治維新」を内破するヘテログロシア――アイヌの経験と言葉」『現代思想』第四六巻九号, 青土社.

宮台真司(1994)『制服少女たちの選択』, 講談社.

ウポポイ(民族共生象徴空間)공식 사이트, URL (https://ainu-upopoy.jp/) 2022.5.18.확인.

村上靖彦(2021)『交わらないリズム――出会いとすれ違いの現象学』, 青土社.

山下祐介・市村高志・佐藤彰彦(2013)『人間なき復興　原発避難と国民の「不理解」をめぐって』, 明石書店.

梁英聖(2020)『レイシズムとは何か』, 筑摩書房.

レヴィン, M., 尾崎一郎訳(2008)「批判的人種理論と日本法和人の人種的特権について」『法律時報』80(2), 日本評論社.

기하라 고이치(木原孝一) 시에 나타난 〈집단 죽음(集団死)〉 연구
서발턴적 관점을 중심으로

서 재 곤

1. 머리말

1980년 7월, 기하라 고이치 서거 1주기를 맞이하여 잡지 『가교(架橋)』는 <기하라 고이치 추도호>를 간행하였는데 당시 일본현대시인협회 이사장이었던 이소무라 히데키(磯村英樹)는 「시적 업적은 영원하다(詩的業績は不滅)」는 글을 기고하였다.

기하라 씨/너무나도 갑작스러운 당신의 부고를 듣고 놀란 나머지 애도의 말조차도 떠오르지 않습니다./아무리 생각해내려 해도 에너지 넘치던 당신의 모습밖에 떠오르지 않는데 그런 당신이 죽었다는 사실을 도저히 믿을 수가 없습니다./중국 대륙의 사지(死地)에서 빠져나왔고 그 유명한 유황도(硫黄島)의 옥쇄조차 모면한 불사조 당신이 어찌하여 병에 졌다는 말입니까!/생각하면 할수록 분하기 짝이 없습니다./(중략)/가혹한 전쟁 체험은 당신에게 문학적 출발점이었던 모더니즘조차 초월하게 했습니다. 당신은 예리한 시대 감각과 뛰어난 시적 기교에 바탕을 둔 시를 쓰면서 「황무지(荒地)」 동인들과 힘을 합쳐서 전후시를 선도하였습니다. 또 잡지 『시학(詩学)』의 뛰어난 편집장으로서 전후 시단 저널리즘의 토대를 구축하여 훌륭한 시인들에게 발표의 장을 제공하고 많은 신인을 발굴하였습니다.[1]

1922년, 도쿄부 하치오지시(東京府八王子市)에서 태어난 기하라의 본명은 오타 다다시(太田忠)이다. 장래에 영화감독을 꿈꾸고 있었지만 미장이였던 아버지의 뜻대로 건축기사가 되기 위해 도쿄부립 실과공업학교(東京府立実科工業学校) 건축학과에 입학하였다. 입학과 동시에 하이쿠(俳句) 중심의 문예부 <무쇠(まがね)회>에 들어가서 자유율 하이쿠 창작을 시작하였고 이윽고 하기와라 사쿠타로(萩原朔太郎)와 사이죠 야소(西条八十) 등의 시와 나가이 가후(永井荷風)와 호리구치 다이가쿠(堀口大学)의 번역시를 읽고서 서정시 세계에 입문하였다. 그리고 2학년에 올라가자 학교 도서관 운영위원이 되면서 도서실에 있던 책과 백과사전을 통하여 건축과 문학의 접점에 대해 알게 되었고 한편으로는 기타조노 가즈에(北園克衛) 등의 모더니즘 계열의

---

1 磯村英樹(1980) 「詩的業績は不滅」『架橋』7月号、架橋の会、p.3.

시를 접하게 된다. 다음 해에 기타조노의 집에 잡지『VOU』를 사러
간 것을 계기로 하여 그 잡지의 동인이 된다. 그러나 1937년에 중
일전쟁이 발발함과 동시에 육군 위탁생이 되면서 기하라는 전쟁과
인연을 맺게 된다. 학교를 졸업하고는 곧바로 고노에(近衛)사단 사
령부 소속이 되었다가 1939년에 지금의 화중(華中) 지역을 관할하
는 나카시나(中支)파견군 사령부로 전속되면서 남경(南京)과 쑤저우
(蘇州)에서 군사 시설 공사에 종사하고 있다가 폐 침윤으로 인한 객
혈을 하고 일본 국내로 송환되었다. 하지만 1944년 7월, 대본영(大
本営)이 사이판 재상륙작전을 포기하고 그 대신에 유황도를 일본 본
토 방어의 전진 기지로 택하면서 방어용 진지 구축을 위해 유황도
로 파견되었다가 미군이 상륙하기 직전에 마지막 수송선을 타고
일본으로 귀환함으로써 간신히 목숨을 건질 수가 있었다.[2] 따라서
이와 같은 "가혹한 전쟁 체험"이 그의 전후 시 세계의 기저(基底)가
되었을 것이다. 또 오다 히사로(小田久郎)도 "어린 나이에 건축기사로
서 화북과 남방(南方) 지역에 파견된 기하라의 '전쟁 체험'은 전후의
식과의 이중성을 획득하기에는 너무 강렬했던 것이 아니었을까?
외골수인 기하라는 평생, '전쟁 체험'의 이념화로 기울 수밖에 없
었다"[3]고 말하고 있다.

한편으로 히라이 데루히코(平井照彦)는 그가 "시대의 목격자·증언
자로서의 자각"을 가지고 있었다고 이야기하고 있다.

---

2 木原孝一(1982)「木原孝一年譜」『木原孝一全詩集』永田書房、p.349.
　　앞으로『木原孝一全詩集』에서 인용한 경우에는 페이지만 적는다.
3 小田久郎(1977)「木原孝一의「彼方」へ」『早稲田文学』2月號、早稲田文学会、p.85.

기하라의 이 반추는 이윽고 거기에서 한가지 결론을 도출하게 된다. 그것은 시대의 목격자가 된다는 것이다./(중략)/목격자를 프랑스어로 「témoin」이라 한다. 그리고 이 단어는 또 증인이라는 의미도 있다. 다시 말해서 목격한다는 것은 증언한다는 것과 동일어의 두 갈래이다. 기하라 고이치가 도달한 목격자, 증인으로서의 시인의 역할 자각이란 도대체 무엇을 목격하였고 어떻게 증언하여 갈 것인가에 몸을 바쳤다고 해도 좋다.[4]

앞서 기하라의 "가혹한 전쟁체험"에 대하여 소개하였다. 그러나 그것을 자기 서사(自己物語)화하는 것만으로는 결코 "시대의 목격자·증언자"는 될 수 없다. 그의 시가 "인간 파괴 문명의 상징이고 격심한 분노를 담은 고발"[5]이 되기 위해서는 자기 체험을 보편화, 또는 일반화를 해야 한다. 그 시적 프로세스에 대하여 기하라 자신이 다음과 같이 설명하고 있다.

우리가 지난번의 세계대전에서 간신히 살아남을 수 있었다는 사실 속에는 실로 많은 내적 체험이 있을 터이다. 공포감. 잠시도 거기서 벗어날 수 없었던 생명에 대한 불안. 증오감이 없는 적과 대치해야 하는 도덕적 불균형. 어뢰 공격으로 물속에 내팽개쳐져서 공포의 밤바다를 표류했던 사람들은 바다와 물에 대한 감각이 바뀌었을 것이다.

---

4 平井照彦(1969) 「生きている者のための祈り 木原孝一論」『現代詩文庫 47 木原孝一』 思潮社、p.143.
5 平井照彦(1969) 前掲論文、p.147.

도시 생활자가 여름 한나절 헤엄치던 그 바다와 같은 물속에서 바로 옆의 익사체가 시든 장미처럼 수축하여 간다. 도움을 요청하는 목소리가 멀어져간다. 마치 공수병(恐水病)처럼. 그런 점액과 같은 거무칙칙한 바다에서 사람들은 그에 상응하는 생명의 의미에 대해서 생각한 것이 있으리라 생각한다. 함포 사격을 받은 사람들은 쇠와 화약에 대한 감각이 바뀌었을 것이고 포격을 받은 사람들은 하늘과 음향에 대한 기묘한 감각을 평생 잊을 수 없을 것이다. 영양실조로 고생한 사람들은 죽어가는 이웃 사람들의 마지막 신음을 기회가 있을 때마다 떠올릴 것이다. 원자폭탄의 세례를 받은 사람들이라면 아마도 그 순간에 받은 시간적, 공간적 허무감과 인간의 육체와 정신과의 무력감으로 인하여 세계관을 바꾸지 않을 수 없을 것이다.[6]

언제 죽을지 모르는 "생명에 대한 불안", 적을 죽여야만 하는 죄악감, 게다가 "바다와 물" "쇠와 화약" "음향" "영양실조"나 "원자폭탄"에 대한 트라우마 등. 이것들은 개인에게는 "내적 체험"이지만 기하라의 말을 빌리면, 타인의 "내적 체험"은 자신의 "외적 경험"이 되는 것이다. 기하라는 양자가 "시인이 시를 창작할 때는 또 극히 흥미로운 작용을 합니다. 시인은 한 편의 시 창작을 통해 틀림없이 하나의 경험을 하는 것이지만 거기에서 생성되는 '질서'는 '내적 체험'과 '외적 경험'을 연결하는 '상상력'에 의존하는 바가 매우 많습니다. 그리고 이 양자를 연결하는 것이야말로 이른바 '시

6　木原孝一(1953)「現代詩の主題」『荒地詩集 1953』荒地出版社、pp.207-208.

의 능력"'[7]이라고 설명하고 있다.

시인은 독자적인 상상력으로 "내적 체험"과 "외적 경험"을 융합시켜서 창작하지만 그 창작활동의 결과물인 시는 독자에게는 "외적 경험"이 되어 되돌아오는 것이다. 기하라는 이 순환구조가 칼 샤피로(Karl Jay Shapiro)의 장편시 「인생 적요(摘要)」에 잘 나타나 있다고 보고 있다. 4년간, 위생병으로 남서태평양 전선에 종군한 "샤피로의 내적 체험이 우리들의 외적 경험으로서 우리에게 감응"을 일으키고 "샤피로의 시적 주제는 그것을 통해서 우리들의 주제"가 되었다고 설명하고 있다.[8] 이와 같이 기하라가 전쟁과 관련된 "내적 체험"과 "외적 경험"을 융합시켜 "'전쟁 체험'의 이념화"[9]를 위해 시 창작에 전념하였다는 것을 알 수 있었다.

그런데 전쟁을 소재로 한 기하라의 시 중에서 특히 눈에 띄는 것이 민간인과 일반병사의 <집단 죽음>을 다룬 것이다.

가야트리 스피박에 의해 제기된 '서발턴' 개념은 그람시의 하위주체 개념에서 온 것이지만 "subaltern이라는 단어에서 sub는 '하위'나 '하부'의 뜻이라기보다 substance에서의 sub처럼 우리 눈에 잘 보이지 않지만 공기처럼 우리를 우리로 존재하게 하는 소중하고 없어서는 안 되는 실체"를 가리키며 오늘날 "생산 위주의 자본주의 체계에서 중심을 차지하던 프롤레타리아 계급을 포괄하면서도 성, 인종, 문화적으로 주변부에 속하는 사람들로 확장"되어 가

---

7 木原孝一(1953) 前揭書、p.207.
8 木原孝一(1953) 前揭書、p.210.
9 小田久郎(1977) 前揭論文、p.85.

고 있다.[10]

전쟁 수행의 주체가 군인이란 점은 말할 필요가 없지만 국가 총력전에 동원된 후방(銃後)의 민간인, 그리고 같은 군인이지만 장교가 아닌 일반병사는 전쟁에 있어서 "공기"와 같이 "소중하고 없어서는 안 되는 실체"이지만 "주변부"에 속하는 서발턴이라 할 수 있을 것이다. 특히 아시아태평양전쟁 중에 희생된 일반 병사들[11], 미군의 공습과 원자폭탄으로 인한 일반인 사망자야말로 대표적인 서발턴일 것이다.

본고에서는 기하라가 내적·외적 전쟁 체험(경험)을 작품화하는 과정을 그의 시에 나타난 전쟁 희생자의 <집단 죽음>[12]을 중심으로 고찰하고자 한다.

2. 공습과 원폭에 의한 민간인의 〈집단 죽음〉

본장에서는 기하라의 전쟁 경험 중에서 스스로 <집단 죽음>이라고 부르고 있는 전쟁 트라우마 중에서 민간인 희생자에 대한 시

---

10 태혜숙(2001)『탈식민주의 페미니즘』여이연, p.117.

11 미셸 바렛은 「참전 서발턴들: 제1차 세계대전의 식민지 군대와 제국전쟁묘지위원회의 정치」(로절린드 C.모리스 엮음/태혜숙 역(2013)『서발턴은 말할 수 있는가?: 서발턴 개념의 역사에 관한 성찰들』그린비)에서, 영국의 제국전쟁묘지위원회가 제1차 대전 희생 병사 추모비 건설에 있어서 영국을 위해 싸우다 희생된 인도인 군대 및 아프리카 토착민 병사들의 존재를 지우고 망각시켜나간 과정을 상세히 검증하고 있다.

12 木原孝一(1980) 349쪽에 「昭和19年、7月1日、硫黄島上陸。途中、輸送船を沈められ、大量の集団死を目撃。」이라고 적혀 있다.

를 중점적으로 검토하고자 한다.

기하라가 경험한 <집단 죽음>에 대하여 사이토 요이치(斎藤庸一)
는 다음과 같이 설명하고 있다.

> 기하라 고이치는 3번의 대량 죽음을 목격하고 있다. 첫 번째는 유
> 황도로 상륙하는 도중의 수송선 침몰에 의한 대량 죽음. 두 번째는 유
> 황도 전투에서의 시체의 산. 그리고 세 번째는 동경 대공습 때, 무차
> 별 폭격으로 인한 대량 죽음. 인간의 한계를 넘은 경험의 이미지는 살
> 아남은 사람들의 일상생활에 있어 밤낮 구별 없이 엄습한다. 기하라
> 고이치의 시적 원점은 여기서부터 출발하고 있다. 그리고 서서히 기
> 하라 고이치의 생명을 좀먹어 갔을 것이다.[13]

사이토가 말하는 세 번의 「대량 죽음」도 이소무라가 말하는 "가
혹한 전쟁 체험"임에는 틀림없지만 세 가지는 각각 다른 측면을 가
지고 있다.

먼저 기하라는 진지 구축을 위해 유황도에 상륙할 때, 수송선 격
침으로 인한 병사들의 죽음과 이른바 동경대공습 때에 남동생의
희생이라는 "내적 체험"을 하였다. 한편으로 두 번째의 유황도 전
투의 경우, 본격적으로 전투가 시작되기 직전에 기하라는 일본으
로 귀환하였기에 그 처절한 장면을 직접 체험하지는 않았다. 따라
서 정확하게 말하면 "내적 체험"이 아닌 "외적 경험"인 것이다. 게

---

13 斎藤庸一(1991)「硫黄島の陣地構築＝木原孝一」季刊『銀花』第八五号、文化学院
文化出版局、pp.90-91.

다가 사이토는 언급하고 있지 않지만 기하라가 말하는 "원자폭탄의 세례(原子爆弾の洗礼)"를 받은 희생자들의 〈집단 죽음〉도 기하라에게 있어서는 "외적 경험"인 것이다. 이에 대해서는 나중에 다시 다루겠다.

어쨌든 결론부터 먼저 말하면 기하라의 〈전쟁 체험의 문학화〉의 본질은 〈집단 죽음〉의 희생자에 대한 진혼으로 정의할 수 있다.

이제부터 기하라가 어떻게 〈집단 죽음〉의 희생자를 진혼하고 있는지에 대해 분석하도록 하겠다.

「진혼가(鎮魂歌)」

남동생아!   그쪽에서는 잘 보이겠지
이쪽에서는 아무것도 보이지 않아

쇼와(昭和) 3년 봄
남동생아! 너의
두 번째 생일날에
캐치볼 하던 야구공이 빗나가
너의 부드러운 대뇌에 맞았다
그것은 미래의 어느 곳으로부터 한순간에 튀어 되돌아온 것이다
울부짖던 너에게
그때, 무슨 일이 일어났는지 알지 못했다

1928년

세계의 중심에서 빗나간 공이

한 명의 중국 장군을 암살했다. 그때

우리에게

무엇이 일어났는지 알지 못했다   (pp.142-143)

인용한 것은 기하라의 제3시집 『어느 날, 어느 장소』(1958)에 수록된 시의 첫 부분이다. 최초의 2행은 프롤로그로 "남동생"에게 말을 거는 것으로부터 시는 시작된다. 같은 해에 일어난 "남동생"의 개인과 동시대의 중대 사건이 기수 연과 우수 연에 교대로 배치되어서 일본 연호와 서기라는 두 개의 시간축을 통해 전개되어 나간다. 히라이는 앞의 글에서 이 시에는 "남동생의 시간과 시대의 시간이 나란히 진행되고 '우리', 그리고 '나(わたし)'를 축으로 해서 두 개의 시간이 접촉한다. 그것은 과거에서 현재로 흐르면서 과거로 거슬러 올라가기도 하고 현재의 자신 속을 왔다 갔다 하는 시간이고 진혼 때문에 영원한 현재로 바뀌려 하는 시간이다. 또 작가 속의 현재로부터 독자 속의 현재로 나누어져 가는 현재이다"[14]고 설명하고 있다.

먼저 1, 2행에서는 "남동생"과 세계는 이제까지 유지되고 있던 정상적인 질서가 붕괴하면서 큰 변화가 일어난다. "남동생"은 두 살이 되는 생일날에 공교롭게도 머리에 "야구공(硬球)"을 맞아 대뇌

---

14 平井照彦(1969) 前揭論文、p.148.

손상이라는 큰 상처를 입었지만 "그때"는 아무도 "무엇이 일어났는지 알지 못했기" 때문에 문제의 심각함을 깨닫지 못했다. 한편으로는 "세계 중심에서" 벗어난 극동 아시아의 끝자락 만주에서 일어난 "한 명의 중국 장군"의 암살 사건, 즉 장작림(張作霖)의 폭살 사건의 중차대함과 그 진상에 대해서도 아무도 알지 못했다.

> 쇼와 8년 봄/남동생아! 너는/초등학교 철문을 1년 늦게 통과했다/사과 하나와 배 두 개이면 모두 몇 개?/세~개/작은 염소가 일곱 마리 있었는데 늑대가 세 마리를 먹었으면 남은 것은 몇 마리?/몰라 몰라/너의 손상된 대뇌에는/작은 때까치가 살고 있었다// 1933년/고립된 동양의 최강국 국제연맹을 탈퇴/42대 1 그 계산을 할 수 없었다/이상해지기 시작한 것은 우리가 아니었을까? (pp.143-144)

"남동생"의 경우, 대뇌 손상으로 인한 지능발달 장해가 나타나기 시작했고 국제 정세 쪽은 1931년 만주사변, 1932년 만주국 건국으로 인해 만주가 세계적으로 주목을 받게 된다. 1932년 3월에는 리턴(Lytton) 조사단이 파견되고 그 조사 보고서가 9월에 국제 연맹에 제출된다. 1933년이 되자 일본은 2월부터 '열하(熱河)작전'을 개시하여 마침내 만리장성을 넘어 중국 본토로까지 군사 행동 범위를 넓혀간다. 한편으로는 1933년 2월 24일에 열린 국제연맹 총회에서는 '중일 분쟁에 관한 특별 총회 보고서'가 채택되고 일본은 이에 반발하여 3월 27일에 국제 연맹에서 탈퇴하고 국제사회에서의 고립화의 길을 택한다. 그때부터 일본과 국제사회와의 관계는

"이상해지기 시작한" 것이다.

　　쇼와 14년 봄／남동생아! 너는／작은 모형 비행기를 만들었다／맑
게 갠 하늘을 고무 동력 비행기는 멋지게 날았다／너는 그 행방을 쫓
아／모르는 마을에서 마을로　대뇌 속의 때까치와 함께 헤매고 다녔
다／너는 밤이 되어 돌아왔지만／그때／너는 너가 돌아갈 장소가／
세계 어느 곳에도 없다는 것을 알게 되었다／／　　1939년／무차
별 폭격이 시작되었다／선언이랑 조약과 함께 집도 인간도 모두 불타
버린다／우리가 돌아갈 장소가 어디에 있었지？／／쇼와 20년／5월
24일, 날이 밝으니／남동생아! 너는 새까맣게 타버린 숯이었다／장작
을 쌓고는 남은 뼈를 얹고 석유를 뿌려／남동생아! 나는 너를 불태웠다
／너의 눈먼 대뇌에는／적도 아군도 미국도 아시아도 없었을 것이다／
피어오르는 한 줄기 연기 속에서／의아해하는 너의 두 눈에／나는 무
어라 답하면 될까？／오오!／너는 네가 좋아하는 곳으로 돌아가는 것
이다／산수(算數)가 필요 없는 나라로 돌아가는 것이다／／　　1955년
／전쟁이 끝나고 10년이 지났다／남동생아!／그쪽에서는 잘 보이겠
지／나는 지금／어디에서 어떤 일이 일어나고 있는지 잘 몰라

(pp.144-146)

그리고 1939년 9월 9일, 전 세계가 광란 상태, 즉 제2차 세계대전
이 마침내 발발하게 되는 것이다. 전 세계를 전운이 뒤덮기 시작하
자 일본도 7월에 국민 징용령을 선포하고 총력전 체제를 정비하기
시작한다. 그리고 "남동생"이 "작은 모형 비행기를 만들었다"고

적혀 있지만 이것은 이 해부터 생산이 시작된 '제로 전투기(零戦)'를 의미하는 것은 아닐까? 그리고 1945년, 미국의 거듭되는 동경대공습으로 "남동생"이 희생되면서 "남동생의 시간과 시대의 시간"이 하나가 된다.[15] 그러나 "남동생"을 비롯하여 공습으로 인한 〈집단 죽음〉의 희생자들을 진혼하기까지에는 "10년"이라는 긴 시간이 걸렸다. 기하라는 "나는 남동생의 시체를 내 손으로 태울 때, 곧바로 그 의미를 깨달은 것은 아니다. 그 죽음의 진정한 의미를 알게 되기까지는 전쟁이 끝나고도 10년이라는 세월이 더욱 필요했다. 내가 『진혼가』의 시 한 편을 완성시킨 것은 쇼와 30년(1955년)이 되고 나서이다"[16]고 회상하고 있다.

오카자키 준(岡崎純)은 "이 「진혼가」에는 '무엇이 일어났는지 알지 못했다', '이상해지기 시작한 것은 우리가 아니었을까?'라는 시대 상황을 정확하게 파악하지 못하고 시대의 흐름에 휩쓸린 것에 대한 깊은 자기 고발이 있었다. 게다가 '나는 지금／어디서 어떤 일이 일어나고 있는지 잘 모른'다는 고민을 읊고 있다. 표현을 빌리자면 '눈 앞에 펼쳐진 혼돈을 하나의 질서로서 파악하는 것은 혼돈스러운 시대를 살아가는 시인의 중요한 임무 중의 하나 임이 틀림없다'는 것에 대한 시인의 자세가 이 2행 속에 담겨져 있었다. ／그 이후로 시의 주제는 모두 삶과 죽음과 사랑으로 좁혀졌다는 것을 직접적으로, 또는 쓴 것으로부터 알 수 있었지만 이 「진혼가」에는 그 삶과 사랑이 응축되어 적혀 있다"[17]고 평가하고 있다.

---

15 平井照彦(1969) 前掲論文、p.148.
16 木原孝一(1976)『現代の詩学』飯塚書店、p.43.

기하라가 남동생에 대한 진혼가를 쓴 1955년은 전후 일본 사회에 있어 여러 가지 면에서 특별한 해였지만 전후 일본 사회의 대전환은 1954년부터 일어났다고 말할 수 있다. 이 해에 보안대·경비대가 자위대로 개편되었고 '제5 후쿠류마루(福竜丸) 사건'[18]과 『죽음의 재(死の灰) 시집』[19] 간행이 있었다. 그리고 1955년에 '55년 체제'[20]의 탄생, 일본 공산당의 '6全協' 결의[21], 제1회 수폭 금지 세계대회, 이시하라 신타로(石原慎太郎)의 『태양의 계절(太陽の季節)』이 발표되었다. 이와 같이 "복잡하고 너무나도 많은 조류가 부딪치고 있어서 그 흐름을 판단하기가 곤란한"[22] 해였지만 "「패전」이라는 패배 의식을 극복하고 마침내 적극적으로 다시 파악할 수 있었던 것이 1955년 무렵"[23]이었다. 따라서 기하라가 남동생에 대한 '진혼가'를 읊은 것은 이와 같은 커다란 시대 변화와 무관하지 않고 히라이가 말하는 것처럼 "죽은 자를 위해서 우리가 할 수 있는 것은 오로지 조금이라도 좋으니 진혼가를 만드는 것"[24]으로 이것이야말로 기하라 자신이 할 수 있는 유일한 것이라는 자각 때문이었다고 생각된다.

17　岡崎純(1980)「木原孝一先生のこと」『架橋』7月號、架橋の会、p.28.
18　1954년 3월 1일, 미국이 태평양 비키니 섬에서 실시한 수소폭탄 실험으로 인해 일본 원양어선 제5 후쿠류마루 선원들이 피폭한 사건.
19　일본현대시인회가 제5 후쿠류마루 사건에 항의하는 시를 투고 받아 그중에서 121편을 선발하여 수록한 시집.
20　자유민주당과 일본사회당이라는 거대 양당 체제로의 일본 정계 개편.
21　7월 27일부터 29일까지 열린 일본 공산당 제6회 전국협의회에서 중국 공산혁명의 영향을 받은 "농촌으로부터 시작하여 도시를 포위한다"는 무장 투쟁 방침의 포기를 결의한 회의.
22　坪井秀人(2005)『戦争の記憶をさかのぼる』ちくま新書、p.175.
23　原田敬一(2005)「慰霊と追悼」『岩波講座　アジア・太平洋戦争 第2巻』岩波書店、p.309.
24　平井照彦(1969) 前掲論文、p.148.

그리고 민간인의 <집단 죽음>을 이야기할 때, 빠트릴 수 없는 것
이 원자폭탄에 의한 희생자들이다.

「묵시」

1945년 히로시마에 투하된 원자폭탄에 의해서 많은 사람과 함께 한 명의 여성이
죽었다 그 여성의 피부 일부가 지상에 남겨졌는데 그것은 수난(殉難)자의 얼굴 모습
을 그대로 전사(轉寫)하고 있다

우리는 인간의 얼굴이 아니다／한 장의 거즈 위에 핀으로 고정된／
하지만 나는 외치지 않을 수 없다／／이빨 사이에 숨겨져 있는 것／
그것이 우라늄이다／이 비공(鼻腔) 밑바닥에서 움직이는 것／그것이
플루토늄이다／보이지 않는 눈 안에서 빛나는 것／그것이 헬륨이다
／세계는 지금／독(毒) 비에 젖은 작은 암초에 지나지 않는다／／우리
는 타고 남은 인간 파편이다／한 장의 거제 위에서 잠들어 있으면／
지평선 저 건너에서 우리의 잃어버린 부분이 부르고 있다／／봐라!
암흑의 바다와 육지를 관통하는／우라늄의 구름을／들어라! 침묵의
창과 지붕에 내리는／헬륨의 비를／그리고 아이야／자신의 손에 의
해 멸망하지 마라／살아있는 것은 지금／황야를 나아가는 메뚜기에
지나지 않는다   (pp.129-130)

이 시의 시적 주체는 원자폭탄으로 희생이 된 여성이고 청자인
"아이"에게 핵무기의 위험과 인류 멸망의 위기가 도래하고 있다는
것을 깨우치게 하고자 한다.

153

1945년 8월 6일, 히로시마에 인류 최초의 원자폭탄이 투하되어 말로 표현할 수 없는 막대한 인적·물적 피해를 초래하였다. 그 원자폭탄의 상상을 초월하는 파괴력의 상징이 '사람 그림자의 돌(人影の石)'일 것이다. 스미토모(住友)은행 히로시마 지점의 "입구 계단에 걸터앉아 은행의 개점을 기다리고 있던 사람은 원폭의 섬광을 쬐어서 큰 화상을 입고 도망치지도 못하고 그 자리에서 사망했을 것으로 생각된다. 강렬한 열선(熱線)으로 인해 주위의 돌계단 표면은 희게 변색되고 그 사람이 앉아 있던 부분이 그림자처럼 검게 되어 남아"[25] 있었지만 1971년, 은행의 재건축 공사 때에 그 부분이 절단되어 히로시마 평화기념자료관에 기증되었다. 그러나 일본어판 위키피디아의 해당 항목에는 "2000년, 나라(奈良) 국립 문화재 연구소 매장문화재 연구센터에 의해 진행된 조사에서 그림자 부분은 부착물에 의해 검게 되어 있는 것이 판명"되었다고 적혀 있다.[26] 은행 앞에 있던 사람과 같은 운명을 겪게 된 "나"도 "얼굴"의 일부만이 남아 "한 장의 거즈 위에 핀으로 고정되어" 있지만 방사능 물질은 사라지지 않고 "독(毒) 비"가 되어 땅 위로 쏟아져서 지금도 세상을 떠돌아다니고 있다.

제2차 세계대전 이후, 동서양 강대국의 핵무기 개발 경쟁은 도미

---

25 히로시마 평화 기념자료관「평화 데이터베스(平和データベース)」의「피폭 자료(被爆資料)」의「사람 그림자 돌(人影の石)」항목의「전시 설명문」 http://a-bombdb.pcf.city.hiroshima.jp/pdbj/detail/156907(검색일 : 2019.04.28)
26 「사람 그림자 돌(人影の石)」 https://ja.wikipedia.org/wiki/%E4%BA%BA%E5%BD%B1%E3%81%AE%E7%9F%B3(검색일 : 2019.04.28)

노 현상을 일으켰다. 따라서 "암흑의 바다와 육지를 관통하는／우라늄의 구름"은 바다와 육지를 구별하지 않고 실시된 핵실험의 상징이고 원자폭탄에서 수소폭탄으로의 핵무기 개발 경쟁이 더욱 격화되면서 핵무기에 의한 인류 멸망의 길로 접어들었다고 경고를 하지 않을 수 없었을 것이다.

3. 유황도 전투에서의 일반병사들의 〈집단 죽음〉

앞에서는 기하라가 경험한 <집단 죽음> 경험 중에서 동경대공습과 원자폭탄에 의해 희생된 민간인에 대한 진혼 양상을 고찰하였다. 이번에는 같은 <집단 죽음>이지만 유황도 전투에서 희생이 된 일반병사들의 죽음에 대하여 고찰하고자 한다.

1942년 6월의 미드웨이해전 이후, 남태평양에서의 미국의 반격이 본격적으로 시작되고 1944년 7월에 사이판이, 8월에는 괌이 미군에게 함락된다. 사이판 함락 직후, 일본군 내에서는 일시적으로 사이판 재상륙 계획이 대두되었지만 실현되지 않고 그 대신에 일본 본토 방어의 전진기지로 유황도를 택하게 되었다. 유황도는 사이판과 동경을 연결하는 일직선상에 위치한 전략 요충지이다. 1945년 2월 19일, 미군의 유황도 공격이 시작되면서 치열한 공방전이 전개되었다. 유황도 전투라고 하면 '스리바치야마 산(擂鉢山)의 성조기' 게양 장면이 유명하지만 그것은 유황도 전투의 종료가 아니라 그 후에 한 달간이나 이어진 치열한 지상전의 서막이었고 그 전투를 통해 일본과 미국 양쪽에서 막대한 사상자가 발생하였다.

　기하라는 유황도 방어를 위한 군사 시설 건설작업에 동원되어 유황도에 상륙하는 과정에서 미군의 공격으로 수송선이 침몰하면서 일반병사들의 <집단 죽음>을 경험하게 된다.

「환영(幻影)의 시대 Ⅰ」

　　* /눅눅한 흑색 화약 냄새로 가득 찬/밤바다!/나는 찢어진 구명보트의 조각을 붙잡고/죽은 물고기와 소금 사이를 떠돌고 있다/비틀린 회색의 캐터필러/갈라진 쇠 바퀴/저 멀리 날아간 조명탄/그것들 위로 폐에 난 공동(空洞)처럼 별이 빛나고 있다/ * /나는 알고 있지/미래가 저 황색 화약통 속에 채워져/한순간에 산산조각이 나버린다는 것을/밤 장미처럼 시들어가는 익사체/공수(恐水)병처럼 멀어져가는 목소리/ * /불이!/목소리가!/엔진이!/나는 꺼칠꺼칠한 로프를 붙잡고는/검은 점액을 내뱉는다/그리고 나서/빨갛고 혼탁한 눈을 뜨고는/우리의 검은 무기가 매장되는 것을 바라보고 있다/유혈선(流血船)! 그러나 우리는 가야 한다/ * /나는 왔다 이 불과 모래와 자갈의 섬에/그리하여/나의 종말의 시간을 새길 죽음의 기둥을/점토 위에 세우고 있다/찢어진 포탑/조그마한 콘크리트 저수조/모래 사이에 매몰되어 있는 약간의 통조림/(후략)

(pp.100-102)

　기하라의 제2시집 『기하라 고이치 시집』(1956년)에 수록되어 있

는 이 시의 제1연에서는 미군의 공격으로 수송선이 파괴되어서 "나(おれ)"를 포함하여 "캐터필러" "수레바퀴" "조명탄" 등 모든 것이 바닷속으로 내팽개쳐져 있는 모습이 그려져 있다. 주위에는 "익사체"가 떠다니고 있고 구조를 요청하고 있던 병사들의 목소리도 점점 사라져 간다. 자신은 로프를 움켜잡고 그렇게 구조되었지만 "무기"는 바닷속으로 모두 가라앉아 버렸다. 그렇게 간신히 상륙한 "불과 모래와 자갈의 섬"에는 이렇다 할 무기와 식량도 없고 "찢어진 포탑"과 "조그마한 콘크리트 저수조"와 "약간의 통조림"만 있는 이윽고 "종말"이 도래하기만을 기다리고 있는 "고독한 섬"이었다. 그러나 기하라는 미군 상륙 직전에 운 좋게 일본으로 귀환하였기에 유황도 전투의 처절함을 직접 체험하지는 않았지만 전후에 영화를 통해 "외적 경험"을 하고 있다.

> 나는 얼마 전에 '유황도의 모래(硫黄島の砂)'라는 영화를 보고 그 당시 미군의 상륙 장면에 이상하게 감동을 받았습니다. (중략) 그 거대한 매커니즘의 전개는 종래에 생각하고 있던 전쟁의 개념이 아니고 이미 적도 아군도 없고 파괴·파멸을 시키는 무서운 기계라는 느낌이 들었다.[27]

존 웨인이 주연을 맡은 영화 『유황도의 모래』는 1949년 12월에 미국에서, 1952년 6월에 일본에서 개봉되었다.

---

27 木原孝一(1953) 前揭書、p.208.

1943년, 뉴질랜드의 기지에서 군사 훈련을 하고 있던 미 해병대의
죤 스트라이커(John Wayne) 군조(軍曹)는 그 혹독함 때문에 호랑이 분
대장으로 불리며 부하들의 반감을 사고 있었다. 신병 피터 콘웨이
(John Agar)는 대령으로 전사한 아버지를 당시에 부하였던 스트라이커
가 칭송하는 것을 보고는 그를 멀리한다. 콘웨이는 스트라이커의 반
대를 무릅쓰고 아린슨 블롬웨이(Adele Mara)와 결혼한 직후, 분대는
타라와(Tarawa) 상륙작전에 참가하게 된다. 이 전투에서 분대원 여러
명이 희생되는데 토마스 하사(伍長)는 교두보에서 커피를 마시고 있는
동안 전우가 일본병에게 살해당하는 실수를 범하게 된다. 그리고 스
트라이커는 친구 베스(James Brown)가 중상을 입고 신음하고 있는데
도 못 들은 척해서 콘웨이 등을 격분하게 만들었다. 분대는 하와이로
귀환하고 스트라이커는 거리의 여자 메리(Julie Bishop)와 사귀게 되지
만 그녀에게 아이가 있다는 사실을 알고는 아무 일 없었다는 듯이 헤
어진다. 마침내 분대는 유황도 작전에 참가하여 스리바치야마 산에
성조기를 세우고 잠시 휴식을 취하고 있는 사이에 스트라이커는 일본
군의 저격을 받아 즉사하게 된다. 그의 주머니 속에 들어있던 것은 고
국에 있는 사랑하는 아이에게 보내는 다정한 편지였다.[28]

이 영화는 오늘날 인터넷에 유포되고 있는 실사 필름을 영화의
중요 장면에 그대로 삽입하여 사용하고 있어 전투 장면이 아주 사

---

28 「KINENOTE」의 「유황도의 모래(硫黄島の砂)」의 「줄거리(あらすじ)」
  http://www.kinenote.com/main/public/cinema/detail.aspx?cinema_id=691&
  key_search(검색일: 2019.04.28)

실적이고 관객에게 주는 앰팩트가 매우 강하다.

기하라의 다음 시는 이 영화의 데포르메(déformer)라 할 수 있다.

「먼 나라 D·day 결사 상륙작전 결행일」

(遠い国   D·ディ挺身上陸作戦決行日)

D·day 저녁 무렵／중유(重油)와 피에 젖은   모래 위의 교두보／기관총 총신은 타버렸고／결사 상륙작전은 마침내 성공을 눈앞에 두고 있었다／"병원선   회항(回航)하라.   병원선   회항하라"／／4개의 자기(磁気) 사운드 트랙이 재현하는／ 함포 사격 소리는   미친 문명의 시계 초침 소리이다／ 사람들의 눈먼 귀는   분명히 그 소리를 듣고 있었지만／ 너의 죽음을 목격한 사람은 아무도 없었다／ 아군 병사도／ 적군 병사도   모르게／ 너는   전사했다／ 너를 매장한 것은／ 만조(滿潮)와／ 경직된 너 자신의 두 손이었다／／D·day 동틀 무렵／하늘의 모든 별보다도 밝은／조명탄으로 인해／물가의 떠 있는 시체와   기도서가 보인다／"여기에   해군인지   육군인지 모르는 한 명의 무명병사가 잠들다"   (제3연-5연, pp.61-63)

제1연과 3연과 5연은 영화 장면의 묘사이고 들어쓰기가 되어 있는 제2연과 4연은 그 장면에 대한 시적 주체의 설명이다. 동틀 무렵부터 시작된 상륙작전은 저녁 무렵이 다 되어서야 간신히 교두보가 확보되면서 성공을 거두려고 하고 있다. 그리고 조명탄에 비쳐진 밤바다는 온통 "시체"로 뒤덮여 있다.

사이토는 앞의 문장에서 "유황도의 스리바치야마 산 전체에 흩어져 있는 엄청난 수의 시체, 해안가 모래사장에 방치되어있는 시체, 전체 길이가 18킬로미터에 달하는 지하갱도를 가득 메우고 있는 시체. 기하라 고이치의 시에는 일본군인지 미군인지의 구별이 없다. 거기에 있는 것은 인간의 시체뿐이고 죽은 이를 매장하는 사람은 아무도 없다. '만조(滿潮)와／경직된 너 자신의 두 손'뿐이고 밀려왔다가 밀려가는 파도소리와 무한히 밝은 태양 빛과 바람. 시인 기하라 고이치의 일생을 질책하게 되는 원풍경(原風景), 흩어져 있는 그대로인 죽은 이의 이미지이다"[29]고 설명하고 있다.

뿐만 아니라 상륙작전 이후에 치러진 지상전에서 희생된 양국 병사들의 <집단 죽음>도 기하라에게 또 하나의 전쟁 트라우마가 되었다. 그들은 지금도 "꿈속에서 말을 걸어"오면서 "나를 숨 막히게"(시「유황(硫黃)」)[30] 하고 있기 때문에 기하라는 그들에 대한 진혼가를 평생 읊을 수밖에 없었다.

4. 나가며

본 연구에서는 기하라가 전쟁체험(경험)을 작품화하는 과정을 시에 나타난 전쟁 희생자의 <집단 죽음>을 중심으로 고찰하였다.

먼저 전쟁 수행의 주체는 군인이며 민간인, 그리고 같은 군인이

---

29 齋藤庸一(1991) 前掲論文、p.86.
30 木原孝一(1982) 前掲書、p.310.

지만 일반병사는 주변적 존재이기에 전쟁 상황에서의 서발턴이라 할 수 있다. 그런데 이들의 <집단 죽음>을 작품화한 것이야말로 기하라만의 독창적 시세계라 할 수 있을 것이다.

기하라의 대표시 「진혼가」에는 1928년의 남동생과 세계 운명을 바꾸는 중대 사건에 대한 기술로부터 시작하여 남동생의 개인사와 동시대 역사를 교대로 그려가고 있었다. 하지만 남동생을 비롯한 미군의 동경대공습으로 인한 민간인들 <집단 죽음>의 의미를 깨닫고 그들에 대한 진혼가를 읊기까지 10년이라는 시간이 걸렸다는 사실에서 기하라가 받은 충격이 얼마나 컸는지를 알 수 있었다.

또한 시 「묵시」에서는 원폭으로 인한 <집단 죽음>을 다루면서 여성 원폭 희생자를 시적 주체로 설정하여 핵무기의 위험과 그로 인한 인류 멸망의 위기를 경고하고 있었다.

끝으로 일본 본토 방어의 전진기지였던 유황도 진지 구축을 위해 파견되었던 기하라는 시 「환영시대 Ⅰ」과 「먼 나라 D·day 결사 상륙작전 결행일」에서 이른바 유황도 전투에서 희생된 일본과 미국의 일반병사들의 <집단 죽음>을 그리고 있었다.

| 참고문헌 |

<텍스트>
木原孝一(1953)「現代詩の主題」『荒地詩集 1953』 荒地出版社、pp.207-208、
　　　p.210.
木原孝一(1976)『現代の詩学』飯塚書店、p.43.
木原孝一(1982)『木原孝一全詩集』永田書房、pp.13-375.

<논문 및 연구서>
가야트리 스피박(2005)『포스트식민 이성 비판』갈무리, pp.7-605.
로절린드 C.모리스 엮음/태혜숙 역(2013)『서발턴은 말할 수 있는가? : 서발턴
　　　개념의 역사에 관한 성찰들』그린비, pp.11-544.
양종근(2007)「스피박의 현대이론에 대한 해체적 개입 : 초기 저서를 중심으로」
　　　『영미어문학』제82호, 한국영미어문학회, pp.151-168.
태혜숙(2001)『탈식민주의 페미니즘』여이연, p.117.

磯村英樹(1980)「詩的業績は不滅」『架橋』7月号、架橋の会、p.3.
大橋毅彦(2013)「少年詩人が見た戦争 上」『日本文芸研究』64(2)、関西学院大学、
　　　pp.97-116.
＿＿＿＿(2013)「少年詩人が見た戦争 下」『日本文芸研究』65(1)、関西学院大
　　　学、pp.73-91.
岡崎純(1980)「木原孝一先生のこと」『架橋』7月號、架橋の会、p.28.
小田久郎(1977)「木原孝一の「彼方」へ」『早稲田文学』2月號、早稲田文学会、p.85.
斎藤庸一(1991)「硫黄島の陣地構築＝木原孝一」季刊『銀花』第八五号、文化学院文
　　　化出版局、pp.86、pp.90-91.
坪井秀人(2005)『戦争の記憶をさかのぼる』ちくま新書、p.175.
原田敬一(2005)「慰霊と追悼」『岩波講座 アジア・太平洋戦争 第2巻』岩波書店、
　　　p.309.
平井照彦(1969)「生きている者のための祈り 木原孝一論」『現代詩文庫 47 木原孝一』
　　　思潮社、p.143、p.147、p.148.

히로시마 평화 기념자료관「평화 데이터베스(平和データベース)」의「피폭 자료

(被爆資料)」의 「사람 그림자 돌(人影の石)」항목의 「전시 설명문」

　　　http://a-bombdb.pcf.city.hiroshima.jp/pdbj/detail/156907(검색일:

　　　2019.04.28)

「사람 그림자 돌(人影の石)」

　　　https://ja.wikipedia.org/wiki/%E4%BA%BA%B1%E3%81%AE%E

　　　7%9F%B3(검색일 : 2019.04.28)

「KINENOTE」의 「유황도의 모래(硫黄島の砂)」의 「줄거리(あらすじ)」

　　　http://www.kinenote.com/main/public/cinema/detail.aspx?cinema_id

　　　=691&key_search(검색일: 2019.04.28)

일본 프롤레타리아 시의 서벌턴 연구

「살아있는 총가」「간도빨치산의 노래」를 중심으로

박 상 도

1. 머리말

마키무라 코(槇村 浩, 1912-1938)는 전전의 프롤테타리아 시인으로 제국 일본의 서슬이 퍼런 그 시절에 불굴의 혁명정신을 보여주다가 요절한 시인으로 잘 알려져 있다. 그의 작품에는 프롤레타리아 정신에 입각한 국제연대와 반제국주의 반전투쟁의 혁명정신이 잘 녹아있다. 특히 그의 작품은 자칫 그 시대 프롤레타리아 시문학이 순수예술시파와 비교해 볼 때 예술성을 담보하기 어려운 측면이 있었지만 "서정"의 시정신을 잘 살리면서 "사회성"이 가미된 서사적 경향의 작품을 수준 높은 경지로 끌어올렸다고 볼 수 있다. 마키무라는 자신의 작품의 <서정>에 대해서 "사회에 있어서의 개인의 창조성의 자각"이라는 의견을 가지고 있었다.[1] 그래서 그는 이러한 개념에 입각해서 서정의 서사시적 전개를 시험하고 또 실현했던 시인이었다.

그의 작품을 크게 구분해 보면, 우선 고지의 형무소에 구속 수감되기 전 일본 공산당 청년동맹의 교육선전 책임자로 활동을 하면서 남겼던 작품군이 있고, 그 다음으로 3년여의 감옥 생활 동안에 구상되고 집필된 작품군이 있다. 그 중에서도 그의 대표작이라고 할 수 있는 작품은 구속되기 직전 비합법활동을 하던 중 남겼던 작품인 「살아있는 총가」(『대중의 벗(大衆の友)』(창간호, 1932년 2월)와 「간도 빨치산의 노래」(『프롤레타리아문학』(1932년 4월 증간호)이다. 이 두 작품은 위에서 언급한 서정성과 서사성이 조화롭게 표현된 대표작이라 볼 수 있으며, 비슷한 시기에 거의 연속으로 쓰여진 이유로 시작의 특징과 표현의 진전과 변화가 어떤 식으로 이루어졌는지 확인해 볼 수 있는 좋은 사례로 볼 수 있다.

특히 프롤레타리아 정신에 입각한 억압자와 피억압자의 양자구도를 분명히 하는 가운데, 국적과 계층을 초월한 혁명정신으로의 연합을 통해 이상적 사회를 지향한 시인의 지향점이라고 하는 측면에서 볼 때, 시인은 고통받는 피억압자의 내면의 호소와 외침에 주의를 기울이고 있는 것을 알게 된다. 병사와 노동자와 농민과 피식민자 등 하층에 위치하면서 서벌턴으로서 자신의 목소리를 발하

---

1 藤原義一(2018)『槇村浩が歌っている』飛鳥出版室, p.82

려고 하지만, 잊혀질 수밖에 없던 이들의 <내면의 소리>에 주목하여 그들의 소리를 외부로 전하고 억압하는 권력층에 분명한 자세로 항거한 시인의 시적 기술과 표현법에 주목하게 되는 것이다.

일찍이 스피박은 그녀의 저서 "서벌턴은 말할 수 있는가"에서 서벌턴이 죽을힘을 다해 말하려고 해도 그 사람들에게 자신의 목소리를 듣게 할 수 없음을 말한 적이 있다. 사회의 거대한 타자의 관점과 언어에 의해 서벌턴의 언어가 희석되고 왜곡되어 지워지게 된다고 생각했다. 인도의 실정을 깊이 생각한 그녀의 입장에서 가부장적인 남성과 제국주의적인 권력 주체의 의지 앞에서 여성은 주체의지를 발휘할 수 있는 여지가 없다고 본 것이 주된 내용이었다. 그래서 스피박은 지식인이 서벌턴들을 대변할 수 없음을 깨달아야 한다고 말하기도 한다.

그녀의 이러한 "서벌턴"개념의 주장을 고려해 볼 때 한 번도 주체로 서 보지 못한 서벌턴[2]들에게 필요한 것은 주체의 형성이라는 점을 생각하게 된다. 발언권을 갖지 못했던 그들로 하여금 자기 목소리를 내게 하는 것, 이것을 서발턴 개념이라고 정의할 수 있겠다.[3] 그리고 주체형성의 결여라고 하는 관점에서 이 서벌턴이라고

---

2 스피박은 <서벌턴은 과연 말할 수 있는가?>라는 책에서 서벌턴 연구에 대한 주체의식을 해체주의적 관점에서 읽어낸다. 스피박은 서벌턴 개념을 "생산위주의 자본주의 체제 중심을 자처하던 프롤레타리아 계급을 포함하면서도 성, 계급, 인종, 문화적으로 주변부에 속하는 사람과 여성의 타자성을 의미한다"고 하였다.(G.C スピヴァク(1998)『サバルタンは語ることができるか』みすずライブラリー, pp.1-29참조)
3 사공철(2013)『서벌턴적 시각에서 토마스 하디의 소설과 시 다시 읽기』동인, p.17. 참조

하는 용어는 하위주체, 혹은 피억압 계층, 종속계층 등의 다양한 말로 사용할 수 있다. 본고에서는 서벌턴적 관점에 입각하여 작품 속의 혁명정신의 구체성에 접근해보고자 한다.

이러한 서술 내용에 입각해 볼 때 마키무라 코는 한 번도 서벌턴의 입장에 서 본적이 없는 제국일본의 지식인이었다. 비록 일본근현대 시사에서 프롤레타리아 문학이 가장 융성했던 시기로 알려진 1920년대에서 30년대 초반의 시대적 상황과 겹친다고 하더라도, 서벌턴의 목소리를 대변하고자 애를 쓴 그의 혁명정신과 예술적 정신에 대한 이해는 일반적 견해를 뛰어넘는 측면이 존재한다. 본고에서는 이러한 그의 혁명정신이 가장 잘 반영되었다고 여겨지는 두 작품 「살아있는 총가」「간도빨치산의 노래」를 통해, 특히 서벌턴의 주체의식 형성의 변형의 과정에 주목하여 고찰해 보고자 한다. 아울러 당시 "사회의 거대한 타자의 관점"에 의해서 희석되고 왜곡되어 간 "서벌턴의 언어"를 그가 어떤 식으로 소생시키고자 했는지의 관점에서도 작품을 통해 분석고찰을 진행해 보고자 한다.

2. 프롤레타리아 작가동맹과 시인의 저항

「살아있는 총가」「간도빨치산의 노래」는 모두 1932년 초에 발표되었다. 발표까지는 초고작성에서 퇴고 등의 여러 과정을 거쳤지만 세상에 그 이름을 알린 시기는 프롤레타리아 문학의 융성과 위기, 그리고 쇠퇴의 일련의 흐름과 맞물리는 때였다. 주지하다시피

1928년 3월 25일에 일본프롤레타리아 예술연맹과 전위예술가동맹이 통합되어 전일본무산자예술연맹(NAPF, 약칭 낫프)이 결성[4]되고 이로 인해 프롤레타리아 시 또한 일대 전기를 마련하고, 새로운 부흥기를 맞이하게 된다.[5] 1930년 9월에 ≪前衛詩人≫ ≪新興詩人≫ 등의 10여 편의 마르크스주의 계열의 동인잡지가 연합하여 낫프의 지도하의 새로운 단체인 프롤레타리아 시인회로 결성되는데 이토 신기치로 대표되는 시인회의 멤버들은 다음해 1931년 1월에 기관지 ≪프롤레타리아 시(プロレタリア詩)≫를 창간[6]하고 다양한 기획을 통해 대중 활동을 전개해 나가게 된다. 이러한 상황 가운데 프롤레타리아 시는 코민테른의 32테제에 의거하여 국제적인 연대와 반전투

---

4 낫프는 결성되기 직전 315 탄압사건의 계기로 성립되었다고 볼 수 있다. 일본 공산당에 대한 대대적 탄압사건이후 오히려 전선통일의 기대 가운데 문예계에서 재정비가 된 결과물인 것이다. 낫프는 산하에 독립동맹단체들이 생기면서, 전일본무산예술단체협의회로 개편이 되었고, 이후 1929년 일본프롤레타리아 작가동맹이 창립되고, 나아가 1931년 11월에의 일본프롤레타리아 문화연맹(코프)로 재편성되기에 이른다. 그리고 코프는 1934년 정부탄압으로 해산된다. 이 시기 낫프 계열 시인들의 주된 발표 잡지는 다음과 같다.
   『戰旗』(1928・5-1931・12), 『ナップ』(1930・9-1931・11), 『プロレタリア文学』(1932 ・1-1933・10), 『プロレタリア詩』(1931・1-1932・2) (宮崎清(1988)「ナップとプロレタリア詩」『民主文学』(272) 新日本出版社 p.125 참조)
5 낫프는 급진적 인텔리겐쳐 시인으로 대표되는 나카노 시게하루를 비롯하여, 모리야마 게이, 미요시 주로 등이 유명하며, 노동자, 농민출신의 시인으로는 마쓰다 도키코, 하세가와 스스무 등의 이름을 들 수 있다. 낫프 시대가 되면서 인텔리겐쳐 시인과 노동시인이 일체가 되어, 시의 제제의 영역을 사회적으로 확대하고, 또 계급의식에 기반을 둔 주제를 적극적으로 사용한 점이 이 시대 프롤레타리아 시의 특색이라고 할 수 있다. 그럼에도 세부적으로 보면 지식인 출신의 시인들은 주로 노동자와 농민의 생활과 투쟁의 연대 표현 등에 관심이 많았고, 노동자 출신의 시인들은 공장이나 탄광, 해상노동자, 억압받는 농민의 생활과 혁명에 대한 의지를 주로 표현하였다.(三好行雄編(1978)『日本文学全史6 現代』学灯社, pp.178-180)
6 마키무라 코는 1932년 11월에 프롤레타리아 작가동맹 고지지부에 참가하였고, 대표작「간도빨치산의 노래」도 이 잡지에 게재하였다.

쟁 노선을 전개해 나갔다.[7] 하지만 만주사변을 시발점으로 군국주의가 고양되기 시작하면서 각종 기관지의 발행이 중지[8]되고 국내의 반체제 인사에 대한 검거가 강화되었다.

이렇게 군국주의가 고양되고 문화활동이 탄압을 받던 시기에 시인은 가장 왕성하게 활동한 것이다. 1931년 9월 만주에 주둔하고 있던 만주군의 계략으로 만주사변이 발발하는 것을 전후해서 당시 시인이 활약했던 고치현에서는 제국주의 일본의 행태에 반대하는 혁명의 물결이 파급되고 있었다. 1927년부터 일본공산당과 일본 공산주의 청년동맹, 노동조합 등의 고치지방위원회가 설립되었고, 1931년 11월에는 일본프롤레타리아 작가동맹의 고치지방조직까지 설립되었다. 이때 시인은 작가동맹과 일본공산청년동맹(공청)에도 가입하여 활동을 개시한다. 고치현 지방위원회의 선전 교육책임자이기도 했던 시인은 1932년 3월 공청고치지구위원회(共青高知区委員会) 하마다 이사무(浜田勇) 등과 고치현에 주둔하고 있었던 고치 아사쿠라 보병 제44연대(高知朝倉歩兵四四連隊)의 상해출병(上海出兵)에 반대하는 협의를 하고, 반전 전단을 직접 쓴 후 고치 지역에 배포를

---

7 이러한 운동의 성과물에는 ≪日本プロレタリア詩集・1932年版≫(日本プロレタリア作家同盟編、1932年), ≪プロレタリア詩集≫(プロレタリア詩人会編、1932年) 등이 있으며, 槇村浩 ≪生ける銃架≫、橋本正一 ≪中国の同士へ手をさしのべる≫ 등이 노선을 대표하는 작품이다.

8 1931년 9월 만주사변 이래로 군국주의가 가속화되어 가는 가운데 문화연맹을 탄압을 받으면서 기관지도 발행이 중지된다. 1932년 3월에서 4월에 걸쳐서는 문화운동자체가 치안유지법에 저촉되게 되고, 이 가운데 구레하라, 나카노 시게하루 등이 검거되었고, 이러한 탄압의 흐름가운데 마키무라 코도 검거되었다. 이후 1933년 2월 고바야시 다키지는 감옥에서 죽게 되고 1934년에 이르러 작가동맹은 해산되고 문화연맹의 활동도 중지에 이르게 된다.

하였다. 이때의 체험은 「살아있는 총가」에 중국공산당원의 시적화
자를 통하여 재현되고 있다. 나아가 직접 반전 기사를 써서 「병사
의 소리(兵士の声)」라는 신문을 발행하여 병사들에게 건네는 운동을
전개했다.[9] 이처럼 그가 본격적인 활동을 개시한 시기는 우연하게
도 군국주의 분위기가 고양되고, 사회주의에 대한 탄압이 본격화
되던 시기였기 때문에 비합법 활동까지 전개한 그의 신념과 이에 대
한 실천은 남다른 각오와 희생을 필요로 하는 것이었다. 그러면 제
국 일본의 시인이요, 지식인으로서, 시인은 어떻게 서벌턴의 입장
에 감정이입하였으며, 그들의 내면의 소리를 대변할 수 있었을까?
서벌턴의 <주체성>을 어떤 식으로 부각시킬 수 있었을까? 이러한
문제의식에 입각하여서 이하 작품을 통해 분석해 보고자 한다.

3. 이중정체성의 내적 갈등과 국제연대의 정신

여기에서는 「살아있는 총가(生ける銃架)[10]」를 통해 수동적 서벌턴이

---

9 시인이 직접 쓴 전단은 "병사들이여 적이 누군가를 똑바로 보라!(兵士よ敵をまち
がえるな)"라는 내용의 선전전단이었다고 하는데 이런 노력으로 일부 병사들은
상해전선에서 중국군과 싸울 것을 거절했다고 한다. 이로 인하여 상급 당조직
의 표창을 받았다.(貴司山治(1963年6月)「槇村浩の年譜」『文化評論』日本共産党
中央委員会 pp.108-111 참조.)

10 "총가(銃架)"의 사전적 의미는 총을 거치해 두는 받침대이다. "살아있는 총가"
에서의 시인이 의도한 표현 함의는 "살아있는"이라고 할 때 불가피하게 제국첨
병의 살인의 무기 쓰임 받지만 또 정작 "총가"라고 하는 사물의 무영혼성에 입
각하여 생각해 볼 때 <주체성>이 결여된 서벌턴으로서의 상징물로 시인은 파
악하고 있다.

어떻게 자기 정체성을 회복해 가는지 그 과정에 주목해 살펴보고
자 한다. 1932년 2월에 발표한 「살아있는 총가」는 시인이 처음으
로 정기간행물에 실은 작품으로 부제로 삼은 '만주주둔군 병사들
에게'에서 알 수 있듯이 수신자가 만주사변에 출정한 일본군 병사
로 되어 있다. 이 시는 우선 일제가 불법적으로 만주사변을 일으킨
후 몇 달이 안 된 시점에 만주에 파견된 일본군 병사들에게 제국주
의자들의 "살아있는 총가"의 역할을 하지 말고, 제국주의 일본에
저항할 것을 호소하고 있다. 그리고 중국의 혁명적 노동자들이 어
떻게 반제국주의 투쟁을 전개하는지에 대해서도 그 모습을 영웅적
으로 묘사하고 있다. 만주사변의 제국주의적 본질과 침략적 의도
를 간파하고, 프롤레타리아 전위 투쟁에 대해서 표현하고 있는 이
시는 특히 그는 프롤레타리아 국제주의에 입각한 반전사상을 부르
짖고 있다. 일본제국주의와 자본가의 압제에 맞서서 서벌턴으로서
의 병사와 혁명 노동자들이 연대하여 대항할 것을 요청하고 있는
것이다. 이 시의 1연의 첫 부분은 다음과 같이 시작한다.

수수밭을 가르고 총가의 그림자는 오늘도 지나간다/총가야! 너는
내 심장에 색다른 전율을 부여한다- 피와 같은 석양을 맞으며 네가 묵
묵히 나아갈 때/너의 그림자는 인간의 형태를 잃고 너는 모습을 배낭
에 숨기고/너는 사상을 가지지 않은 단지 한 개의 살아있는 총가이다/
어제도 오늘도 나는 전진해 가는 총가를 보았다/열 선두에 선 일장기,
의기양양하게 살찐 말에 올라탄 장군들, 창백하게 지쳐버린 병사의
무리/아! 이 집단이 모습을 드러낸 곳, 중국과 일본의 압제자가 손을

잡고 희생의 선혈은 22개성의 땅을 물들였다[11]

　마치 한 폭의 그림을 보듯이 서정적 분위기를 돋우며 시는 전개
된다. 서벌턴으로 그려지는 만주주둔군 일본병사는 "인간의 형태
를 잃은" 그리고 "사상을 갖지 않은" "한 개"의 "총가"로 시인에게
는 인식되고 있다. 인격적 주체의지를 지니지 않는 완전한 <수동적
서벌턴>으로, <자기정체성을 상실>한 <서벌턴>으로 묘사되고 있
다. 자신의 분명한 의사를 표명하지 못하고 "묵묵히" 나아갈 수밖
에 없는 존재로 나타나고 있는 것이다. 하지만 이들의 존재는 제국
일본의 입장에서 볼 때는 중국 전도를 "선혈"로 물들인 "살아있는
총가"[12]이다. 이러한 행렬이 끊임없이 전진해 가는 모습은 주체의
지를 가지고 이를 저지하고픈 시인의 입장에서는 "색다른 전율"을
부여하는데 이러한 감정은 억압계층을 향한 분노를 포함하는 것이
다. 자신의 명확한 의사표명을 거절한 채 원치 않는 살인의 행렬에
동참하는 서벌턴은 "창백하게 지쳐버린" 가운데 있지만 이 앞에서

11　高粱の畠を分けて銃架の影はきょうも続いて行く/銃架よ、お前はおれの心臓に異様な
　　戦慄を与える―血のような夕日を浴びてお前が黙々と進すとき/お前の影は人間の形を
　　失い、お前の姿は背嚢に隠れ/お前は思想を持たぬただ一箇の生ける銃架/きのうも
　　きょうもおれは進んで行く銃架を見た/列の先頭に立つ日章旗、揚々として肥馬に跨る
　　将軍たち、色蒼ざめ疲れ果てた兵士の群―/おおこの集団が姿を現わすところ、中国
　　と日本の圧制者が手を握り、犠牲の鮮血は二十二省の土を染めた(貴司山治編
　　(1964)『間島パルチザンの歌―槇村浩詩集―』新日本出版社, p.12, 본고의 텍스트
　　는 모두 이 책에서 인용하였고 시의 번역은 필자에 의한 것임. 이하 인용은 생략)
12　"살아있는 총가"라고 하는 말은 죄수와도 같은 병사들의 경우의 그 본질을 제
　　대로 말하고 있는 것이 아닌가? 총을 어깨에 저녁햇살을 받으며 묵묵히 진군하는
　　지친 병사들의 이미지. 비마에 올라탄 장군과의 대조, 이것은 억압받는 "일본신
　　민" 전체의 상징이다.(宮崎清(1979)『詩人の抵抗と青春』新日本出版社 p.48)

"의기양양하게 살찐 말에 올라탄 장군들"은 피억압자의 고통과 신음에는 아무런 관심이 없다. 나아가 "중국과 일본의 압제자가 손을 맞잡고"라고 하는 시인의 날카로운 시선은 이 전쟁의 본질이 중국과 일본의 압제자들에 의한 인민대중에 대한 폭압이요 범죄적 학살이라는 것을 말하는 듯하다.

무엇보다 제국주의 일본군의 첨병이 되어 억압자의 논리를 수행하는 일본의 병사들은 미야자키 기요시(宮崎清)의 지적대로 "침략군 병사와 피억압대중의 일원의 사이에서 양립할 수 없는 모순과 심각한 자기 소외"[13]를 당하고 있는 계층으로 파악할 수 있다. "묵묵히" 나아기만 할 뿐 명확한 자신의 목소리를 내지 않는 것처럼 보이는 파견 병사들의 내면의 갈등을 이렇게 유추할 수 있는 이유는, 앞에서 언급한 것처럼 상해파병 전 고지의 병영에 잠입하여 시인이 반전 전단을 돌렸을 때 자신의 뜻을 돌이킨 병사들이 있었다고 하는 사실에 기반하고 있다. 자신의 뜻을 돌이키지 않고 만주에 파견된 병사들의 내면도 필경 "침략군 병사와 피억압대중"이라고 하는 이중 아이덴티티의 내적 갈등을 겪고 있었을 것이라고 시인은 파악한 것이다. 그리고 시인은 서벌턴의 이러한 극단적 고통의 상황을 자신의 반전운동의 경험에 입각하여 실제적으로 표현하고 있다.

나는 기억한다. 총검이 차갑게 빛나는 밤거리에/반전 전단을 돌아

---

13 宮崎清(1979) 上揭書, p. 48

다니며 붙이던 노동자를/초청의 그늘에 몸을 숨기고/난간 아래에 은밀히 숨어 담을 기어오르고/대담하게 적의 눈을 피해 그 남자는 작업을 이어갔다/그가 마지막 한 장에 착수했을 때/보초의 날카로운 외침이 그의 귓전을 때렸다/그는 급하게 서둘러 전단을 붙이고/재빠르게 옆에 난 작은 길로 몸을 움직였다/그 때 그는 배후에서 육박해오는 군화소리를 들으며/앞쪽에서 번쩍이는 총검을 보았다/그는 땅위에 쓰러지고 차례로 총검에 찔려 쓰러지는 앞에서 조수가 빠지듯 온몸으로부터 빠져가는 힘을 느끼고/쇠약해진 눈을 보초가 들고 있던 등불에 던지며/찢겨 흙바닥에 버려진 전단을 응시하며/손을 간신히 들고, 입술을 떨며/잃어져 가는 감각과 열심히 싸우면서 죽음에 이르기까지 지켜 낸 당의 이름을 숨을 헐떡이며 불렀다/중, 국, 공, 산, 당[14]

2연에서 시인은 분위기와 상황을 반전시켜서 목숨을 걸고 반전운동에 임하는 중국의 서벌턴의 모습을 그리고 있다. "나는 기억한다"라고 부분에서 시인은 고치현 지방위원회의 선전 교육책임자로 활동하며, 고치 주둔군 44연대에 들어가서 전단을 돌렸던 자신을 기억하고 있다. 중국공산당 서벌턴의 심정에 완전히 자신을 일

---

14 おれは思い出す、銃剣の冷たく光る夜の街に/反戦の伝単を貼り廻して行った労働者を/招牌の蔭に身を潜め軒下を忍び塀を攀じ/大胆に敵の目を掠めてその男は作業を続けた/彼が最後の一枚に取り掛かっ時/歩哨の鋭い叫びが彼の耳を衝いた/彼は大急ぎでビラを貼り/素早く横手の小路に身を躍らせた/その時彼は背後に迫る靴音を聞き/ゆくてにきらめく銃剣を見た/彼は地上に倒れ、次々に突き刺される銃の下に、潮の退くように全身から脱けて行く力を感じ/おとろえた眼を歩哨の掲げた燈に投げ/裂き捨てられた泥に吸れた伝単を見詰め/手をかすかに挙げ、唇を慄わし/失われゆく感覚と懸命に闘いながら、死に至るまで、守り通した党の名をとぎれとぎれに呼んだ/……中、国、共、産、党、万……

치시키고 있는 것이다. 피억압자로 묘사되는 서벌턴은 결국 "총검 앞에 쓰러지고" "죽음에 이르러서도 " "중국공산당"을 소리 내며 죽어간다. 이들은 다름 아닌 시인의 동지요, 1연에서 언급된 "만주 주둔군 병사"들의 동지이기도 한 것이다. 그리고 노동자의 전단을 살포하는 행위를 저지하고, 폭력으로 제압하는 일본 제국의 첨병 으로 그려지고 있는 "보초"는 앞에서 살펴본 "살아있는 총가"로 주체성을 상실한 채로 제국에 이용당하고 있는 것이다. "피억압대 중"의 명확한 위치에 서지 않을 때 "침략군 병사"로 서게 될 수밖 에 없는 서벌턴의 가련한 현실을 대변하고 있다고 볼 수 있다.

그리고 이 부분은 이 시의 수신인 "만주주둔 병사"들이 스스로 를 돌아보고 중국노동자와의 연대에 대한 의무를 자각하도록 촉구 하는 부분이기도 하다. 1연의 마지막 부분[15]에서 시적화자는 "자본 가와 장군"이라는 억압적 주체와 "노동자와 농민"이라고 하는 대 립적 시선을 제시하며, 프롤레타리아 혁명투쟁을 시도해야 하는 서벌턴을 "우리들"로써 표현하고 있다. 그리고 우리들의 국적은 "중국과 일본"이며 그들은 "형제"로써 표현되고 있다. 이를 통해 "자본가"와 "제국 군대"라고 하는 압제자에 대항하는 피압제자로 서의 대상범위가 국적을 초월하여 연대되고 합류되고 있는 것이다.

이러한 연대의 시점을 제시함으로 시인은 만주에 파병된 병사들 에게 침략의 첨병이 되는 것을 멈추어달라고 호소하고 있는 것이

---

15 ──聞け、資本家と利権屋の一隊のあげる歓呼の声を、軍楽隊の吹奏する勝利の由 を!/やつら、資本家と将軍は確かに勝った!──だがおれたち、どん底に喘ぐ労働 者農民にとつてそれが何の勝利であろう

다. 제국의 첨병이 되어 침략의 도구로 사용되고 있다는 현실을 자각하고, 민족과 국경을 초월하여 일본과 중국의 민중의 연대와 결기에 참여해 달라고 요청하고 있는 것이다.[16]

4. 서벌턴의 개성적 실체의 모호함

앞에서 살펴본 대로 시인은 만주에 파병된 병사들과 중국의 혁명노동자들이 혁명주체로 연대하기를 희망하고 있다. 특히 파병된 병사들의 이중 정체성의 갈등을 부각시킴으로 그들이 피억압대중으로서의 자각과 의무를 갖도록 시를 구성하고 있다. 하지만 이러한 의도와 다르게 그것이 구체화되는 과정에서는 추상적이고 모호한 관념론에 빠지기 쉬운 경향이 있음을 부정할 수 없다. 과연 병사들이 이중정체성의 모호함을 극복하고 중국의 노동자와의 혁명적 연대를 내면적 일치성으로 이루고 행동적 연대에까지 나갈 수 있을 것인가? 라고 하는 점에 대해서는 쉽게 수긍하기가 어려울 것이다.

실제로 이 부분에 대해서 지적하는 목소리들이 있다. 모리야마 게이(森山啓)는 "작자가 명백하게 프롤레타리아트의 당파적 입장에 서서 사건의 내적 모순을 그리려고 노력한 것, 작자가 만주사변의 본질을 적어도 이론적으로는 이해하고 있는 것은 의심할 여지가

---

16   藤原義一(2018) 前揭書, p.100

없다"라고 인정하면서도 "이 시 가운데서도 관념론적 견해가 틈새로부터 호흡하고 있다."라고 하고 또 "하지만 어느 정도로 사건의 현실을 그 복잡한 구체적인 형태로 나타내고 있는가 하면, 유감이지만 너무도 <본질>만을 그리고 있다"라고 지적하고 있다.[17] 예술적 표현력은 인정할 수 있을지 몰라도 그 실체를 나타냄에 있어서는 부족함이 있다고 하는 것이다. 구체적으로 그 실체를 표현하는 것이 결여되어 있다고 하는 이 지적에 대해서는 프롤레타리아 시인인 쓰보이 시게지(壺井繁治)도 비슷한 입장이다. "작자의 혁명적 바램, 기대와 현실의 시적 전개와의 사이에 갭이 발생하여, 마지막 부분의 호소가 현실을 집요하게 추구하는 가운데서 생겨나는 필연적인 소리가 아니라, 어느 정도의 공허한 울림으로 끝나고 있는 점이다"[18]

이러한 지적은 시인이 서벌턴으로서의 "병사"를 인식함에 있어서 제국 일본의 지배 권력에 속하면서도 동시에 피억압대중의 서벌턴으로 소속되어 있는 존재로 파악하고 있는 기본전제를 생각할 때 불가피한 지적이라 할 수 있다. 내적 정체성의 갈등을 어떻게 극복할 수 있는가 하는 점에 초점을 맞추어 그 과정을 부각시키지 않는 한 서벌턴으로서의 병사가 어떻게 혁명정신을 획득할 수 있을까? 나아가 중국의 노동자와 어떤 식으로 연대할 수 있을 것인가? 하는 점의 의문은 해소되지 않을 것이기 때문이다.

마키무라의 시가 객관적 서사성을 강조함으로 억압받는 주체의

17　森山啓「詩における創作方法の問題」(『詩人の抵抗と青春』p.51.재인용)
18　壺井繁治「青春と革命--槇村浩の詩について」『文化評論』(20)(『詩人の抵抗と青春』p.52 재인용)

내면의 주체적 소리가 약해지지 않았나 하는 측면이 일정부분 인정되기도 한다. "발언권을 갖지 못했던 그들로 하여금 자기 목소리를 내게 하는 것"으로 서벌턴의 주체성 형성이라는 중요한 과제를 성취해야 하는 프롤레타리아 시문학의 시정신에 입각해 보면, 분명한 발언권을 부여하지 못했다고 하는 비평을 감수해야 하는 측면이 있을 것이다.

이는 마키무라가 청년의 나이에 책을 통해 습득한 혁명정신과 예술성에 의존하여 창작에 임한 바가 컸기 때문으로 여겨진다. 실질적인 혁명적 실천에 기반한 감각이 다소 부족했기 때문이라고도 할 수 있다. 서벌턴이 혁명의 주체로 명확하게 부각되는 것에 대한 아쉬움은 이 노래의 마지막 장면에까지 이어지고 있다.

일어나라 만주의 농민노동자/너의 분노를 몽고의 칼바람으로 단련하고, 안산의 용광로에 녹여버려라/아 육박해 오는 혁명의 거친 파도/멀리 아무르의 절벽을 깨문 파도의 울림은 흥안령을 넘어 송화강을 건너, 하얼빈 사원을 흔들고, 간도의 여러 마을에 전해져서 도는 요동의 공사를 흔들어 놓고, 일본주둔군 진영에까지 육박한다/아아, 국경을 넘어 손을 맞잡고 혁명의 요새를 구축할 그 날은 언제인가[19]

19 起て満州の農民労働者/お前の怒りを蒙古の嵐に鍛え、鞍山の溶鉱炉に溶かし込め!/おお迫りくる革命の怒涛/遠くアムールの岸を噛む波の響きは、興安嶺を越え、松花江を渡り、ハルピンの寺院を揺すり、間島の村々に伝わり、あまねく遼寧の公司を揺るがし、日本駐屯軍の陣営に迫る/おお、国境を越えて腕を結び革命の防塞を築くその日はいつ。

만주의 농민노동자의 입장에서 보면, 그들에게 혁명정신을 불러일으키려고 하는 시적 화자의 호소가 다소 추상적일 수 있다. 억압받는 민중의 현실을 자각하고 분노하며 일어나라고 하는 시인의 호소, 간도 전역에까지 혁명의 정신이 퍼져서 결국에 "일본주둔군 진영"에까지 영향을 미쳐야 한다는 시적화자의 외침은 이 글을 읽는 독자의 입장에 선다고 한다면 큰 울림으로 다가가지는 않을 것이다. 시적 화자가 설정한 서벌턴의 개성적 실체가 불분명하게 여겨지기 때문이다. 이러한 지적은 다음에 언급할 「간도빨치산의 노래」에서의 서벌턴의 묘사 부분을 염두에 두게 될 때 좀 더 명료하게 이해하게 될 것이다.

정치적 혁명을 목적으로 한 프롤레타리아 문학의 기본 정신에 입각해 볼 때, 이러한 대상의 개성적 실체를 구체화하지 못하는 부분, 즉 전위의 실체가 부각되지 않고 주체적으로 그려져 있지 않은 부분은 아쉬운 점이라고 할 수 있다. 반복해서 언급하는 바이지만 "주둔군 병사들에게"라고 하는 부제목하에서 쓰여진 전체 작품 안에서 또 다른 수신인으로 만주의 혁명동지들과 농민노동자를 같은 서벌턴의 범주에서 다루고자 했을 때, 서벌턴의 개성적 실체가 명확하게 부각되지 않을뿐더러 구체적인 혁명의 방식과 내용에 대해서도 아쉬움을 느끼게 하는 것이리라. 우선적 서벌턴으로 등장한 "병사"의 이중정체성이 어떤 과정을 거쳐서 극복이 되었고, 이 과정에서 발휘된 혁명정신이, 국적과 이념과 계층을 초월하여 연대의 실현으로 이어졌다고 하는 분명한 내용이 전제되지 않는 한 이 작품은 실체적 모호성을 지닐 수밖에 없는 것이다. 즉 서벌턴의 주체적 인식의 형성과정에 대한 묘사가 필요한 것이다. 이러한 지적을 보완하고 극복한 것이 바로 2개월 후에 발표된 「간도빨치산의 노래」이다.

5. 탈식민의 과정을 통한 서벌턴의 형성

1) 서벌턴의식의 잠재와 맹아

「간도빨치산의 노래」(『프롤레타리아문학』(1932년 4월 증간호))는 시인의 가장 대표적인 작품이다. 극적인 서사성과 섬세한 서정성이 조화를 이루어 시인의 혁명정신을 아름답게 승화시킨 작품으로 볼 수 있다. 간도지역의 봉기(1930년 5월 30일)[20]에 대한 소식을 여러 경로를

---

20 간도는 19세기 중엽부터 한반도에서 이주해온 조선인이 토지를 개척해서 생활 기반을 형성해 온 지역이다. 1928년 7월 17일에서 9월 1일에 걸쳐 개최된 제6회 코민테른 대회에서 조선공산당의 국제지부(만주총국)가 승인되었는데, 1929년 11월에 "일국일당의 원칙"을 주장하는 코민테른의 지시로 조선공산당은 해당을 하고 중국공산당에 편입하게 된다. 이후 동북지역의 중국공산당 내부는 중국인과 조선인의 "민족모순"으로 갈등이 고조되는 상황이 되었고, 결국 1930년 2월 간도지구에 중국공산당 특별지부가 조직되어 조선인의 "간도 5.30봉기"를 계획하고 추진하였다. 이 봉기에는 1930년 4월 24일에 1000여 명의 농민이 참가하였으며 조선인민회 사무소, 조선총독부지원 보조학교, 발전소, 철도 교량 등의 시설에 방화, 파괴, 고리업자들의 친일파 숙청 등이 이루어졌다. 이후 투쟁범위가 동만주로 확대되고, 남북을 포함한 만주전역으로 확대되었다. 이로 인한 조선인 사상자는 163명, 중국인 사상자는 74명이었다.(權寧俊(2020)「朝鮮人共産主義運動と中国共産党の対朝鮮人政策(1920年代初頭から抗日戦争時代まで)」『国際地域研究論集(JISRD)創刊号』国際地域研究学会, pp.1-11 참조)

통해 전해들은 시인 스스로의 지식과 상상에 의해서 만들어진 작품이다. 한 번도 조선과 간도지역을 방문해보지 않은 시인의 이력을 감안하면 서벌턴의 입장을 대변하고 그들 내면의 목소리를 외부로 이끌어낸 그 놀라운 수완에 감탄을 하게 된다.

이 작품은 1932년 4월 일본프롤레타리아 작가 동맹의 기관지였던 《프롤레타리아문학》에 발표되었는데, 그 달 4월 21일 시인이 검거됨과 동시에 발매중지처분을 받기도 한 작품이다. 그리고 이 작품은 시인 사후 시 잡지 『詩人会議』(1969년 8월) 프롤레타리아 시 특집에 「낫프 시대와 그 후의 대표 작품집(ナップ時代とその後の代表作品集)」 18편 중 한편으로 선정될 정도로 평가를 받는 수작이다. 시인의 풍부한 지식과 마르크스주의 혁명정신이 사회와 역사를 아우르고 생활상의 전체를 파악하는 형태로 완성도 높게 결실을 맺은 작품이다. 서벌턴의 주체의식 형성의 관점에서 보더라도 이 작품에는 식민지 조선인, 소외받는 지역 함경도 농민이라고 하는 이중의 피억압자에 대한 시인의 관점과 주체의식 형성의 과정이 비교적 세밀하게 잘 나타나 있다.

그러면 구체적으로 작품을 살펴보도록 하자. 5연 182행으로 이루어진 장편 서사시의 첫 부분은 간도 빨치산 대원인 주인공이 고향, 함경도에 대한 추억을 회상하는 것으로 시작한다.

추억은 나를 고향으로 이끈다/백두의 봉우리를 넘어, 낙엽송 숲을 지나/갈대 뿌리 검게 언 늪지 저편/검붉게 탄 지면에 거무스름한 작은 집들이 이어지는 곳/고려 꿩이 계곡에서 우는 함경의 마을이여//눈 녹은 작은 길을 밟으며/지게를 지고, 마른 잎 모으러/누나와 오른 뒷산의 참나무 숲이여/산지기에 쫓겨 자갈길을 뛰어 내리는 둘의 어깨에/지게 줄은 얼마나 아프게 파고 들었던가/갈라진 두 사람의 발에/불어오는 바람은 어떻게 핏덩이를 얼게 했던가[21]

서벌턴의 입장에 볼 때 이 시가 주체형성의 의지가 단계적 과정을 거치는 모습을 보여주는 것은, 시인이 설정한 시적 화자가 <나>라고 하는 조선인 열 두 살의 순수한 소년의 눈에 의해서 전개되고 있기 때문이다. 소년의 눈에서 바라본 아름다운 어린 시절의 정경은 무의식의 깊은 뇌리가운데 남아 잊혀 지지 않는다. 이후 전개되는 어린 시절의 정경이 시련과 아픔의 모습이 있다고 해도, 깊은 무의식 가운데 자리 잡은 "백두의 봉우리" "거무스름한 이어지는 작은 집들" "고려 꿩이 우는 함경의 마을" 모두 소년의 원체험을 형성한 신성한 이미지로 볼 수 있다. 때 묻지 않은 소년의 심리는, 서벌턴의 깊은 무의식의 상태이다. 자신의 정체성이 훼손되기 전의 상태이다. 시인은 이러한 소년이 어떻게 억압받고 불가피한 서벌턴으로서의 수동성 가운데 거할 수밖에 없는지 묘사하고 있다.

아아!/멸시받고 상처받아 불구가 된 민족의 자존심과/소리 없는 무

---

21 思ひ出はおれを故郷へ運ぶ/白頭の嶺を越え、落葉から松の林を越え/蘆の根の黒く凍る沼のかなた/赭ちゃけた地肌に黝ずんだ小舎の続くところ/高麗雉子が谷に啼く咸鏡の村よ//雪溶けの小径を踏んで/チゲを負ひ、枯葉を集めに/姉と登った裏山の楢林よ/山番に追はれて石ころ道を駆け下りるふたりの肩に/背負縄はいかにきびしく食ひ入ったか/ひびわれたふたりの足に/吹く風はいかに血ごりを凍らせたか

183

수한 고뇌를 실은 고국의 토지!/이러한 너의 땅을/굶주린 너의 아이들이/괴로운 굴욕과 억울하고 원통한 마음을 담아 삼키고 있을 때-/너의 따뜻한 가슴으로부터 강제로 빼앗긴 너의 아이들이/고개를 숙이고, 잠잠히 국경을 넘어갈 때/너의 땅의 밑바닥에서/2천만 민족을 뒤흔든 분노의 용암을 생각하라!![22]

　멸시받고 상처받아 불구가 된 민족의 자존심"은 서벌턴의 정체성을 훼손시킨다. "괴로운 굴욕과 원통한 마음"에도 아랑곳하지 않고 제국일본의 무자비한 폭력은 "강제"로 가해지는 것이다. 고국의 토지 또한 "소리 없는 무수한 고뇌"를 가질 정도로 제국 일본에 의해 행해지는 "발언권"의 박탈과 "주체의지"의 박탈은 정도가 심각한 것이다. 하지만 시인은 이들이 그 원통함을 마음에 담고 분노로 승화시켜 "국경을 넘어"가는 것을 자연스럽게 이끌어내고 있다. 「살아있는 총가」의 마지막 부분에서 "국경을 넘어"가는 노동자들의 부자연스러움과 대비되는 대목이다. 조선 땅에서의 온갖 굴욕과 멸시를 가슴에 새기고 후일을 기약하며 간도로 넘어가는 조선인 소년의 서벌턴의 개성적 실체가 명확하게 드러나는 대목이다. 탄압과 고난의 과정에서 형성된 어린 소년의 주체의식이 싹트는 과정이기도 하다. 좀 더 구체적으로 시인은 조선인 열두 살 소년

22　おお/蔑すまれ、不具にまで傷づけられた民族の誇りと/声なき無数の苦悩を載せる故国の土地!/そのお前の土を/飢えたお前の子らが/若い屈辱と忿懣をこめて嘲み下だすとき―/お前の暖い胸から無理強いにもぎ取られたお前の子らが/うなだれ、押し黙って国境を越えて行くとき―/お前の土のどん底から/二千萬の民衆を揺り動かす激憤の熔岩を思え!

의 눈에 비친 서벌턴의 양상을 생생하게 표현한다. 3.1운동에 대한 시인의 묘사부분을 살펴보도록 하자.

아아! 3월 1일/민족의 피 끓는 가슴을 지닌 우리들 중 누구 하나가/무한한 증오를 한순간에 폭발시킨 우리들의 누구 하나가/1919년 3월 1일을 잊을소냐!/그날/"대한독립만세!"의 소리는 전국토를 뒤흔들고/짓밟힌 일장기를 대신해/모국의 깃발은 집집마다 펄럭였다./가슴에 솟구치는 뜨거운 눈물로써 나는 그 날을 기억 한다/반항의 함성은 고향 마을에까지 전해지고/자유의 노래는 함경의 골짜기에 메아리쳤다/아아! 산에서 산으로, 계속에서 계속으로 넘쳐난 학대받는 자들의 무수한 행렬이여!/선두에서 깃발을 펄럭이며 진행하는 젊은이와/가슴 가득히 만세를 저 멀리 지붕위에서 서로 외치는 노인과/눈에 눈물을 머금으며 옛 민중 노래를 부르는 여자들과/풀뿌리를 씹으면서 저 깊은 마음속으로부터의 기쁨에 환호성을 지르는 소년들!!/빨간 흙이 무너지는 고개 위에서/목소리 높여 부모님과 누나 동생을 부르면서, 솟구쳐 올라오는 뜨거운 것으로 나도 모르게 흘린 눈물을/나는 결코 잊지 못한다!!²³

---

23 おお三月一日！/民族の血潮が胸を搏つおれたちのどのひとりが/無限の憎悪を一瞬にたたきつけたおれたちのどのひとりが/一九一九年三月一日を忘れようぞ!/その日「大韓独立萬歳!」の声は全土をゆるがし/踏み躙られた日章旗に代えて/母国の旗は家々の戸ごとに飜った/胸に迫る熱い涙をもっておれはその日を思い出す!/反抗のどよめきは故郷の村にまで伝わり/自由の歌は咸鏡の嶺々に谺した/おお、山から山、谷から谷に溢れ出た虐げられたものらの無数の列よ！/先頭に旗をかざして進む若者と/胸一ぱいに萬歳をはるかの屋根に呼び交わす老人と/眼に涙を浮かべて古い民衆の謡をうたう女らと/草の根を噛りながら、腹の底からの嬉しさに歓呼の声を振りしぼる少年たち!/赭土の崩れる峠の上で/声を涸らして父母と姉弟が叫びながら、こみ上げてくる熱いものに我知らず流した涙を/おれは決して忘れない!

"무한한 증오를 한 순간에 폭발"시킨 서벌턴의 다양한 모습들이 그려지고 있다. "선두에서 깃발을 펄럭이며 진행"하는 젊은이와 "만세를 외치는" 노인들 "환호성을 부르는" 소년들 이 모든 서벌턴의 목소리는 함경도 변방의 잊혀지기 쉬운 피억압 식민조선인을 대변하는 시인의 함성이기도 한 것이다. 시인이 마치 만세를 부르는 그 현장에 서서 다른 서벌턴들과 연대하여 동일한 심정으로 행동하고 있는 듯하다. "가슴에 솟구치는 뜨거운 눈물로써 나는 그날을 기억 한다"라고 했을 때 시인은 이미 그들과 깊은 내면에서 동화하고 있는 것이다. "솟구쳐 올라오는 뜨거운 것으로 나도 모르게 흘린 눈물을/나는 결코 잊지 못한다!"라고 했을 때 그 누가 시인의 연대와 혁명정신의 호소가 단순한 구호에 그친다고 말할 수 있겠는가? 시적화자와 시인이 완전히 일치되어 서벌턴의 주체적 의지를 나타내고 있는 것이다.

2) 탈식민 서벌턴의 동일화와 형상화

앞에서 「살아있는 총가」를 논하며 시인의 혁명적 실천의 삶이 부족한 측면이 개성적 실체의 모호함을 불러왔다고 언급한 적이 있는데, 2개월 정도 밖에 지나지 않은 시점에서 시인은 어떻게 이러한 높은 완성도를 보일 수 있었을까? 만주의 혁명노동자와 농민들에 비해서 조선의 어린 소년과 혁명동지에 대해서는 비교적 감정이입이 수월하지 않았을까 하는 점을 조심스럽게 유추해 본다. 시인은 기본적으로 역사와 지리, 조선에 대한 기본지식이 풍성했고,

마르크스주의의 분명한 혁명정신에 입각하고 있었으며, 무엇보다 젊은 나이여서 실천적 삶이 부족한 부분이 있었을 지라도 실천적 삶을 지향했던 것만큼은 분명해 보인다. 무엇보다 <조선>에 관한 이러한 시를 쓸 수 있었던 것은 시인이, 오카야마의 간사이 중학교에 재학했을 때 조선인과의 직접적 교류를 통해 식민조선인의 심정에 간접적으로 동참할 수 있었기 때문이라고 여겨진다.[24]

가련한 고국이여!/너의 위에 방황하는 시체 냄새는 너무도 마음 아프다/총감에 벌집처럼 찔리고 살아있는 채로 불 속에 던져진 남자들!/강간당하고, 살을 깎이고, 장부까지 꺼내어진 여자들!/돌을 손에 잡은 채 목 졸려 죽은 노인들!/작은 손에 모국의 깃발을 꽉 잡고 엎드려진 어린이들!/아아 너희들, 먼저 해방의 전투에서 쓰러진 1만5천의 동지들의/관에도 거두지 못하고, 시신을 독수리 먹이로 둘 수밖에 없는 그 몸체 위를/황폐해진 마을들 위를/아득한 삼송 밀림에 몸을 숨긴 화전

---

24 도사후미오(土佐文雄)는 시인의 전기를 다룬 실명 소설 『인간의 뼈(人間の骨)』에서 이 부분에 대해 언급하고 있다. 이 소설에서는 주인공은 시인의 실명 요시다 도요미치(吉田豊道)로 등장하고, 그의 동급생 친구 및 형의 이름은 진영신(槇英信), 영철(英哲)로 나오는데 시인은 여기에서 자신의 펜네임을 취하였다고 한다. 마키무라는 조선인 동급생 진영신(槇英信)의 형 영철(英哲)로부터 영향을 받은 것으로 나오는데 시인이 진영신과 가까워지게 된 계기에 대해서 이 책은 "반에서 조선인 이라고 하는 것에 소외감을 가지고 있는 듯한 이 학생에 대해 요시다(吉田)가 같은 소외자 동지로서의 친근감"을 느끼고 자연스럽게 가까워졌다고 기술하고 있다. 시인이 관심을 보인 영철은 교토제국제학에 재학하고 있던 조선인 사회주의자였다. 시인이 영철을 만났을 때의 기쁨을 "지옥에서 부처님이라도 만난 것 같은 감동을 가지고 이 형에게 몰입한 것은 말할 나위도 없다"라고 기술하고 있다. 영철은 조선과 동경에서 좌익관련 서적을 많이 입수하여 읽고 있었고, 시인 또한 자연히 영향을 받은 것으로 보인다.(土佐文雄(1966) 『人間の骨』新讀書社, 1966年, p.121 참조)

민 위를/북조선 황야에 피어나는 들풀의 향기를 담아서[25]

조선인 어린 소년으로 등장한 서벌턴은 이곳에 이르러 자신의 조국을 "가련한 고국"으로 객관화 할 수 있는 성장한 혁명동지로 나타나고 있다. 조선인 어린 소년이라고 하는 서벌턴화 일원화되어 시의 내용을 전개해 온 시인은 이곳에 이르러서 오히려 주체의식이 더욱 견고화되고 있는 모습을 보여준다. 압제자 제국의 총칼에 맞서다 쓰러져간 동료를 향하는 서벌턴의 시선은 냉정하게 묘사된다. "남자들"과 "여자들"과 "노인들"로 대표되는 서벌턴들이 구체적으로 어떤 참상을 당했는지 세밀하게 묘사를 한 뒤 "해방의 전투에서 쓰러진 1만5천의 동지"들에게 보내는 경건한 마음에는 비장함도 느껴진다. 그리고 "북조선 황야에서 피어나는 들풀의 향기"를 거론할 때는 축적되어 견고해진 그의 혁명의지를 주체적으로 내어 보이고 있는 것이다. 어느새 어린 소년 시절 싹을 틔웠던 주체의식이 굳건한 모양으로 형성되어 있는 모습을 보이는 것이다. 이러한 주체적 의식은 탈식민을 간절히 원하는 시인의 마음과도 부합하는 것이기도 하다. 그리고 좀 더 직접적으로 성장한 주인공의 모습을 강인한 빨치산으로 승화시켜 내 보이고 있다.

---

25 あはれな故国よ!/お前の上に立ちさまよう屍臭はあまりにも傷々しい/銃剣に蜂の巣のように突き刺され、生きながら火中に投げ込まれた男たち!/強姦され、肉を刳られ、臟腑まで引きずり出された女たち！/石ころを手にしたま絞め殺された老人ら!/小さい手に母国の旗を握りしめて俯伏した子供たち!/おお君ら、先がけて解放の戦さに斃れた一萬五千の同志らの/棺にも蔵められず、腐屍を禿鷹の餌食に曝す躯の上を/荒れすさんだ村々の上を/茫々たる杉松の密林に身を潜める火田民の上を/北鮮の曠野に萌える野の草の薫りを篭めて

얼음덩이가 강바닥에서 부서지는 이른 봄의 두만강을 건너/국경을 넘어선지 13년/괴로운 투쟁과 시련의 시기를/나는 장백의 평지에서 보냈다/(중략) 바람이여! 울분의 울림을 담아서 백두에서 무너져 내리라/파도여! 분노의 격한 물보라를 일으키며 두만강으로 용솟음치며 흘러라/아아! 일장기를 펄럭이는 강도들!/부모님과 누나와 동지들의 피를 땅에 쏟으며/고국으로부터 나를 쫓아와 공비/지금은 검을 들이대며 간도에 육박하는 일본의 군병, 도적들!/아아! 너희들 앞에서 우리들이 또 굴종하지 않으면 안 된다는 것이냐/뻔뻔스런 강도들을 대우하는 길을 우리들이 모른다는 것이냐[26]

국경을 넘어" "13년"간 혁명의 주체적 의지를 형성해 온 늠름한 서벌턴으로서의 모습이 구체적으로 형상화되어 있는 것을 보게 된다. 멸시와 모욕 가운데 수동적 의지를 가지고 고통스러워하던 모습은 자취를 감추었다. 모호한 실체가 아닌 분명하고 명확한 주체로서의 모습이 읽는 독자로 하여금 깊은 공감을 불러일으키고 있다. "백두"와 "두만강"을 향해 호령하는 강인한 기상과 기백을 가지고, 지배 이데올로기로 억압하는 일본 제국을 향해 "아아! 너희들 앞에서 우리들이 또 굴종하지 않으면 안 된다는 것이냐/뻔뻔스

---

26 氷塊が河床に砕ける早春の豆満江を渡り/国境を越えてはや十三年/苦い闘争と試練の時期を/おれは長白の平野で過ごした(中略)風よ、憤懣の響きを篭めて白頭から雪崩れてこい!/濤よ、激憤の沫きを揚げて豆満江に進れ!/おお日章旗を飜す強盗ども!/父母と姉と同志の血を地に灑ぎ/故国からおれを追い/今剣をかざして間島に迫る日本の兵匪!/おお、お前らの前におれたちがまた屈従せねばならぬと言うのか/ふてぶてしい強盗どもを待遇する途をおれたちが知らぬというのか

런 강도들을 대우하는 길을 우리들이 모른다는 것이냐" 대항할 수 있는 강인한 주체의식을 형성하기에 이른 것이다. 이 시는 구체적 실체를 지닌 한 인간으로서 서벌턴의 내면성을 세밀하게 그려내고 있다. 인물이 사실적이며 구체적으로 형상화되어 읽는 독자로 하여금 서벌턴의 주체적 의지에 공감하도록 하는 효과를 불러일으킨다. 전체적으로 볼 때 이 시는 러시아혁명과 3.1운동의 내용을 거쳐, 일본군국주의의 침략전쟁을 비판하는 내용으로 전개되고 있다. 가족과 헤어져 두만강을 건너 스물다섯의 어엿한 빨치산이 된 주인공이 사회주의 운동의 국제연대를 간절히 호소하며 마무리를 하고 있다. 조선 땅에 한 번도 가보지 않은 일본 청년의 입장에서 억압받는 피식민 조선민족의 입장에 완전히 동화되어서, 뚜렷한 주체의식을 나타내고 있는 것이다. 수동적 서벌턴에서 뚜렷한 주체의식을 형성해가는 탈식민의 과정이 실제적으로 그려지고 있다. 「살아있는 총가」에서 드러난 개성적 실체의 모호함이 완전히 극복되었다고 할 수 있다. 이를 통해 시인은 프롤레타리아 혁명정신의 본질을 예술적이고도 실제적인 차원에서 구현한 것이다.

6. 맺음말

이상으로 본고에서는 마키무라 코의 대표작 「살아있는 총가」「간도빨치산의 노래」에 나타난 <서벌턴>에 대한 분석 고찰을 진행하였다. 사회의 거대한 타자의 관점과 언어에 의해 희석되고 사라져간 이들의 내면의 소리를 대변하는 역할을 감당했던 대표적인 프롤레타리아 시인의 작품을 통해 <서벌턴>의 내면의 목소리를 구체적으로 어떻게 형상화했는지에 대한 분석 고찰을 했다. 고찰의 내용을 간략히 정리해 보면, 우선 「살아있는 총가」에서는 혁명정신과 국제연대의 정신이 본질 면에서는 정확하게 표현되었지만, <서벌턴>의 입장에서 고려해 보았을 때 작품 속에 그려지는 대상의 실체가 불분명하고 모호한 측면이 있을 수밖에 없음을 확인하게 되었다. 서벌턴의 이중 정체성의 갈등과 극복과정에 대한 고려, 즉 <주체성 형성>이라고 하는 과정에 대한 고려가 전제되지 않았을 때 공감되기 어려운 부분이 있음을 보게 되었다. 하지만 2개월 후에 쓰여진 「간도빨치산의 노래」에서는 이러한 한계점들이 극복된 것을 확인할 수 있었다. 조선인 소년에서 성장한 빨치산이라고 하는 <서벌턴>의 입장에서 <주체성 형성>의 세부과정을 자연스럽게 표현하므로 시인의 혁명정신과 국제연대의 메시지가 효과적으로 전달될 수 있었던 것으로 보인다. 노인과 여성, 남성, 소년으로 표현되는 식민지의 억압받는 계층과 소외되고 차별받는 함경지역의 피억압계층의 이들은 모두 자신의 발언권을 갖지 못한 <서벌턴>들이었다. 하지만 시인은 계층과 지역과 성별과 국적을 아우르는 <서벌턴>의 명확한 관점을 제시하며 아름다운 작품으로 승화시키는 지점에까지 이르렀다. 예술성과 실제성을 담보하는 시적 표현을 통해 억압받는 이들에게 발언권을 부여하여 혁명정신과 국제연대 정신의 공감력 있는 메시지를 발할 수 있었던 것이다.

| 참고문헌 |

사공철(2013)『서벌턴적 시각에서 토마스 하디의 소설과 시 다시 읽기』동인,
　　　　p.17

貴司山治(編,1964)『間島パルチザンの歌―槇村浩詩集-』新日本出版社、pp.12-50

土佐文雄(1966)『人間の骨』新讀書社, 1966年 p.121

宮崎清(1979)≪詩人の抵抗と青春≫新日本出版社、pp.48-52

三好行雄(編, 1978)『日本文学全史6 現代』学灯社、pp.178-180

藤原義一(2018)『槇村浩が歌っている』飛鳥出版室、p.82

G.Cスピヴァク(1998)『サバルタンは語ることができるか』みすずライブラリー、pp. 1-29

権寧俊(2020)「朝鮮人共産主義運動と中国共産党の対朝鮮人政策(1920年代初頭か
　　　　ら抗日戦争時代まで)」『国際地域研究論集(JISRD) 創刊号』国際地域研究学
　　　　会、pp.1-11

貴司山治(1963年6月)「槇村浩の年譜」『文化評論』 日本共産党中央委員会、
　　　　pp.108-111

宮崎清(1988)「ナップとプロレタリア詩」『民主文学』(272) 新日本出版社、p.125

조선인과 대면한 전후
민주주의 지식인

오사와 신이치로(大澤眞一郎)의 삶과 사상

가게모토 쓰요시(影本剛)

1. 운동의 교차점에 있는 사람

2007년, 일본의 비판적 잡지인 『현대사상』이 '전후 민중 정신사'
라는 특집을 만들었다. 특집이 조명한 것은 '서클 운동'이었다. 일
본에서의 서클 운동 연구의 고전인 『공동연구 집단』(1976)의 필자
중 한 명인 쓰루미 슌스케(鶴見俊輔)는 『공동연구 집단』의 성립과정
에 대해 다음과 같이 말한다.

"(서클이 연구)하던 장소는 국민문화회의 사무국의 공간을 빌렸습
니다. 리더는 국민문화회의 사무를 맡았던 오사와 신이치로(大澤眞一

郎)입니다. 그는 히다카 로쿠로(日高六郎)한테서 공부한 학생으로 히다카 로쿠로의 영향을 받았습니다. 이 서클이 성립된 계기는『사상의 과학』안에 있는 서클로써 입니다만, 그와 동시에 다니가와 간(谷川雁)의 영향을 받고 다니가와 간을 받아들인 히다카 로쿠로의 영향을 받아, 그의 학생이었던 오사와 신이치로가 사무의 중심에 있었습니다. 그것이 성립된 계기입니다.

그것이 1963년입니다. 그야말로 간이즘[다니가와 간 주의-인용자]이 매우 광범위하게 영향을 미쳤던 시대입니다."[1]

한편 파농(Fanon)이나 사르트르, 그리고 프루스트의 일본어 번역자이자 재일조선인 문제에 대해서도 적극적으로 발언한 스즈키 미치히코(鈴木道彦)는 위의 쓰루미의 발언과 같은 해인 2007년 발간한 저서에서 1968년의 김희로 사건 이후 난감했던 '김희로 공판 대책위원회'의 발족에 대해 다음과 같이 썼다.

"이 모임[공판 대책위원회 준비를 위한 합숙 모임-인용자]의 실현은 무엇보다 조직가로서의 오사와 신이치로의 공적이었다." "일한 문제[일본에서의 한일조약 반대 투쟁-인용자]와 베트남 전쟁[반대 운동-인용자]이 오사와 신이치로라는 접점으로 연결되어 일견 아무런 관계도 없어 보이는 사람들의 모임이 실현된 것이다."[2]

---

1 鶴見俊輔(2007)「集団が動きはじめる時」『現代思想』, 2007년 12월 임시증간호, p.12.
2 鈴木道彦(2007)『越境の時』, 集英社, pp.168-169.

쓰루미와 스즈키의 회고에서 보이는 것은 오사와 신이치로라는 운동의 교차점에 있던 사람이다. 본고는 오사와 신이치로의 삶과 사상을 논의함으로써 일본인 지식인이 일본 사회의 소수자 속에서, 특히 재일조선인과 어떻게 대면해 나갔는지 그려내는 것을 목표로 한다.

『현대의 눈(現代の眼)』 1966년 2월호에 실린 오사와 신이치로의 사진

그러나 전후 민주주의를 비판적으로 인식하면서 일본의 혁명이나 변혁을 사고한 사람은 수없이 많은데 어째서 오사와인가라는 의문이 생길 것이다. 이에 대해 김희로 재판지원 운동을 끝까지 일본 사회에 물음을 던지는 운동으로 만들어냈고, 재류 자격이 박탈된 재일조선인의 신원보증인으로 서는 등의 실천을 통해 재일조선인과 직접 만나고자 했으며 밑바닥에서 운동한 존재이기 때문이라고 답하겠다. 이러한 논의를 통해 어느 지식인의 주체 변혁과정을 보게 될 것이다. 더 나아가서는 이러한 지식인을 한국에 알림으로써 일본 전후 지식인이 '조선'과 어떻게 대면했는지를 논의할 또 다른 사례를 제공할 수 있기를 바란다.

그간 한국에서 일본의 전후 민주주의적 근대주의를 상대화하는 일본 사상에 대해서는 다니가와 간, 오에 겐자부로, 모리사키 가즈에(森崎和江), 김시종(金時鐘), 쓰루미 슌스케 등이 번역 및 연구되어 왔다. 전후 일본 사상에서 이루어진 조선과 관련된 여러 모색에 대해서도 위의 인물들뿐만 아니라 고바야시 마사루(小林勝), 가지무라 히데키(梶村秀樹) 등이 소개되었다. 김희로 사건을 둘러싼 연구도 진행된 바 있다.[3] 오사와 신이치로의 삶과 사상을 정리하는 작업은 한국에서 연구 대상이 된 여러 인물이나 사건을 보다 다각도에서 검토하는데 적지 않은 도움이 될 것이다.

본고의 구성은 첫째로 오사와 신이치로의 생애를 소개한다. 둘째, 김희로 사건과 재판을 중심으로 그와 조선인의 관계에 대해 논의한다. 셋째, 그의 전후 민주주의 비판, 사회운동 비판을 검토한다.

연구대상은 인쇄 매체에 실린 오사와의 저서, 논문, 좌담 등을 중심으로 삼는다. 그는 운동 판에서 활동한 사람이기 때문에 전단지나 기관지 등 수많은 '바로 버려지는 매체'에 기고했다. 그러나 본고에서 연구대상으로 다루는 것은 아카이빙된 자료들이다. 즉 주로 '도쿄', '지식인', '학술적 권위'에 기댄 매체에 발표된 자료를 중심으로 그의 생애를 정리했다. 지방에서, 민중 사이에서, 생활에 기댄 실천들의 기록은 도서관에 보관될 기회가 적기 때문에 연구대상으로 삼을 수 없었다. 하지만 연구 대상이 되지 못한 그의 언어가 상당히 존재한다는 것을 부기해둔다. 또한 이를 보완하기 위해 관련된 사람들을 인터뷰하는 방법 또한 필요하나 현재 단계로는 우선 문헌 자료를 통해 그의 삶과 사상의 윤곽을 그리는 것을 목표로 한다. 왜냐하면 오사와에 대한 선행연구가 일본에서도 전무한

---

3 가계모토 츠요시(2012)「고바야시 마사루의 삶에서 두 번의 휘말림」『휘말림의 정치학(부크진R-4)』, 그린비. 山本興正(2016)「金嬉老公判対策委員会における民族的責任の思想の生成と葛藤 : 梶村秀樹の思想的関与を中心に」『在日朝鮮人史研究』, 46호.

상황이기에 기본적 윤곽을 그리는 것만으로도 가치가 있으리라 판
단했기 때문이다.

2. 조직자, 평론가, 교육자 – 오사와 신이치로의 생애

오사와 신이치로는 1937년에 태어나 2013년에 사망했다. 그는
소학교 3학년 때 일본의 패전을 맞이했고, 소학교 고학년 시절을
새로운 민주주의적 분위기 속에서 지냈다. "민주주의의 일언일구
에 대해 배운다기보다는 훨씬 **구체적인 민주주의** 그 자체를 실천
했고, 우리가 전후 사상으로서의 민주주의에 익숙해진 것은『민주
주의』의 교과서에 의해서라기보다 오히려 **구체적 행위**를 통해서
였다."[4](강조는 원문)

그는 군마(群馬)현 마에바시(前橋) 시에서 중고생 시절을 보냈다. 그
것은 대학입시 경쟁의 세계였다. "소학교, 중학교, 고등학교, 대학
교. 성장함에 따라 마을이나 동네에서 일반적으로 일하고 사는 사
람들의 세계로부터 차차 멀어지고 떨어져 가는 과정이었다. [중략]
어느새 '표준어'가 어릴 때부터 익숙한 방언을 대신하게 되었다."[5]

1956년 봄, 그는 도쿄대학에 입학한다. 그해 10월에는 스나가와
(砂川) 투쟁(도쿄 다치카와 미군기지 확장 반대 투쟁)에 참가한다. 1958년에는

---

4 大沢真一郎(1966)「戦後世代と戦後民主主義―<戦後民主主義>論ノート」『遊撃の
   思想 長征の途上にて』, 行路社, 2000, p.458. 이하『遊撃』로 표기함.
5 大沢真一郎(1973)「戦後民衆論ノート」『遊撃』, p.210.

다니가와 간의 『원점이 존재한다(原点が存在する)』를 읽고 전후 민주주의가 가르친 근대주의적 발상에 코페르니쿠스적 전환이 일어났다.[6] 그는 '튜터 집단'의 한 사람으로 직장이나 지역의 서클 활동에 관여했다.[7] 1960년에는 도쿄대학 사회학과를 졸업했다. 대학 동기로는 오키나와 현대사 연구자이자 오키나와대학 학장도 역임한 아라사키 모리테루(新崎盛暉)가 있었다.[8] 졸업 후 오사와는 국민문화회의에서 활동했다. 1965년에는 한일조약 반대 운동, 베트남 반전운동에 적극적으로 참여한다. 그는 한일조약 반대 운동의 시기에 이르러서야 재일조선인 차별 문제를 비로소 생각하게 되었다고 말한다.

"전후 25년 동안 일본에 재일조선인이 60만 명 이상 살고 있다고 하는데 그 한 사람 한 사람이 어떤 생활을 하는지, 그것이 우리 일본인과 어떻게 관련되는지, 대다수 일본인은 전혀 모르고, 또 알려고도 하지 않고, 아무렇지도 않게 살아왔다. 더군다나 이러한 재일조선인에 대한 무지와 무관심이 당사자인 재일조선인에게 어떠한 차별과 억압을 주느냐는 문제는 생각해보지도 못했다. 일본의 노동조합, 노동자 또한 이러한 대부분의 일본인과 똑같았다.

나 자신을 봐도 1965년의 일한 조약 날인과 비준이라는 단계가 되어서야 비로소 그러한 문제를 다소 구체적으로 생각하게 되었고, 연일 일한 조약을 반대하는 국회 데모에 참여하면서 '한국에 줄 돈이 있

---

6 大沢真一郎(1973)「戦後民衆論ノート」『遊撃』, p.212.
7 大沢真一郎(1959)「文化創造の主体」『遊撃』, p.355.
8 新崎盛暉(2017)『私の沖縄現代史 米軍支配時代を日本で生きて』, 岩波書店, p.94.

다면 고등학교 교육예산에 쓰라', '실업 대책에 쓰라', '박정희에게
줄 거면 나를 달라(朴にやるなら僕にくれ)' 등이 쓰인 노조 피켓의 문제점을
전혀 생각하지 못했다."[9]

이렇게 그는 대학 시절 충격을 준 다니가와 간, 그리고 한일조약
반대 운동 후 일본 내의 민족문제를 생각하게 되면서 전후 민주주
의적 근대주의와 확실하게 거리를 두게 된다. 그러한 가운데 1968
년 2월에 일어난 김희로 사건은 그의 삶을 바꾸었다. 김희로 재판
지원 그룹을 만드는 과정은 방향성 차이로 난항 했지만, 결국 오사와
가 중심적 조직자가 되어 김희로 공판 대책위원회가 1968년 4월
발족한다. 오사와, 가지무라 히데키, 사토 가쓰미(佐藤勝巳), 오카무
라 아키히코(岡村昭彦), 스즈키 미치히코를 비롯한 사람들이 모였고,
변호단장으로 가이노 미치타카(戒能通孝)를 둔 위원회였다.

오사와는 김희로의 재판 대책으로 분주했을 뿐만 아니라 베트남
반전 투쟁, 오키나와 투쟁, 70년 안보 투쟁의 시위 구성이나 여러
집회와 심포지엄의 사회자를 맡는 등 사회운동을 사무 방면에서
지탱했다. 또한 1968년에는 당시 마르크스, 모택동과 함께 '3M'으
로 불리던 마르쿠제 및 그 외 논자들의 논문집인 『순수관용 비판』
을 번역하고 출간했다.[10]

9　大沢真一郎(1971)「日本のなかの第三世界」『後方の思想 あるいは長征への出発』,
　　社会評論社, pp.121-122. 이하『後方』으로 표기함.

10　Robert Paul Wolff, Barrington Moore Jr., Herbert Marcuse, "A Critique of
　　Pure Tolerance", Beacon Press, Boston, 1965. 大沢真一郎역(1968)『純粋寛容
　　批判』, せりか書房.

당시 오사와가 기록을 남긴 흥미로운 활동을 하나 소개하자면 도쿄대학이나 니혼대학의 전공투(전학공투회의) 학생들이 현장 노동자와 교류하는 모임을 만들었다는 것이다. 대학에 간 적이 없는 노동자는 전공투 학생이 무엇을 주장하는지 제대로 이해하지 못하는 경우가 많았다. 1969년 6월 6일 국철(国鉄, 일본국유철도) 노조의 한 지부에서 전공투 학생들과 노동자 간에 '폭력이란 무엇인가'라는 토론회가 열렸다. 노동자들은 전공투 학생들에게 '지식층의 싸움이다', '할 거면 죽을 각오로 해라, 전쟁놀이를 하지 마라', '학생이 전철을 부쉈다' 등의 화두를 던졌으며, 모임이 끝난 뒤의 뒤풀이 또한 성행했다.[11] 68년~69년의 대학 투쟁에서 학생들이 대학 외부에서 어떤 사람들과 어떻게 교류했는지를 확인하기 위해서도 흥미로운 리포트라고 할 수 있다.

오사와는 연일 심야까지 여러 조직과 시위나 집회에 관한 회의를 하면서 동시에 김희로 공판대책 운동을 통해 조선에 대한 인식을 심화시켰다. 조선에 대한 인식을 심화시키는 실천 중 하나로 1970년 10월에 개설한 '현대 어학숙'이 있다. 이는 일본인에 의한 조선어 학습 운동으로, '현대 어학숙'이 만들어진 계기는 두 가지였다. 하나는 김희로 공판에 관여하는 과정에서 조선어를 모르는 재일조선인의 존재와 만나면서 "우리 일본인은 조선 민족으로부터 조선어를 빼앗고 일본어를 강요했다는 역사적 사실의 무게를 알게 됨에 따라 조선어에 대한 관심도 높아졌기인문학부 인권위원

---

11 大沢真一郎(1969)「労學連帯の可能性」『後方』, pp.272-274.

회에 이 문제에 대해"[12] 때문이다. 다른 하나는 조선어가 일본 사회
에서 놓인 상황에 대한 비판의식이다. 일본 사회에서 조선어는 한
편으로는 매우 경시되고 무시당하는 존재지만 다른 한편으로는 경
찰이나 자위대, 한국에 경제 '진출'을 하는 기업이 열심히 공부하는
언어다. 즉 조선어는 조선인을 취조하기 위해, 한국에서 이익을 얻
기 위해 일본인이 쓰는 상황인 것이다.

> "김희로 재판 안에서 우리는 재일조선인, 특히 1세에게 조선어를
> 할 줄 아는 일본인은 소름 끼친다는 소리를 몇 번이나 들었다. 일본인
> 이 조선어를 유창하게 말하면 이는 좀 경계해야지 싶다는 것이다. 그
> 러한 일본 사회 안에서 그 상황과 대결하면서 그렇지 않은 조선어를
> 공부하는 방법을 우리는 어떻게 만들어 나갈 것인가, 이것이 우리가
> 조선어 교실을 만든 기본적인 이유였다."[13]

도쿄 요요기(代々木)에 개설된 '현대 어학숙'의 건물은 오사와가
1994년까지 임대인 명의를 빌렸다. 현대 어학숙은 1995년에 옮겼
고, 다른 사람이 새 공간을 마련했다.[14]

그 후 1971년에는 그때까지 각종 매체에 쓴 글을 모아『후방의
사상』(사회평론사)을 출간한다. 쓰루미 슌스케는 이 책의 추천사에서
"도쿄대 사회학과 출신의 오사와의 논문을 전업 사회학자의 논문

12　大沢真一郎(1982)「解放のための言語教育試論」『遊撃』, p.102.
13　大沢真一郎(1982)「解放のための言語教育試論」『遊撃』, pp.102-103.
14　『朝日新聞』, 1994년 12월 26일.

과 구별하는 것은 바로 잡다한 업무들 속에서 생긴 통찰력이다"[15]
라고 썼다. 그리고 그는 1972년 제6차『사상의 과학』편집장이 된
다. 같은 해 그는 교토 세이카 단기대학 영어 교원이 되어 교토로
이사한다. 교토에 간 것은 쓰루미 슌스케의 소개를 통해서였다. 오
사와는 도쿄에서 계속 시위에 참여하면서 최루탄 때문에 왼눈이
망막박리가 된 상태였다. 몸을 쉬면서 규칙적으로 살고자 교토에
온 셈인데, 당시 교토 세이카 단기대학은 월급을 제대로 지불할 수
있는 상태가 아니었다는 것을 부임하고 나서야 알았다.[16]

　그는 김희로 재판(1975년에 최고재판소에서 형 확정)이 끝난 후에도 면
회를 다니는 등 관계를 지속했다. 혹은 재일조선인 범죄자가 석방
된 후의 한국 강제송환을 저지하기 위해 신원보증인이 되거나 입
국 관리사무소와 입국 관리 법제가 지닌 민족차별을 고발했다. 그
리고 이누마 지로(飯沼二郎), 쓰루미 슌스케 등 교토의 지식인들이 중
심이 되어 오무라수용소를 폐지하기 위해 만든『조선인』이라는 잡
지에도 관여했다. 이누마 지로는『조선인』에 게재된 좌담회를 엮
어『재일조선인을 이야기한다(在日朝鮮人を語る)』(전3권)[17]를 간행했는데
오사와가 거의 모든 좌담에 참여했음을 알 수 있다.

　그는 교토 세이카 단기대학 학생들과 함께 '조선 문제 연구회'를
만들어 1979년에『공유의 장을 구해서(共有の場を求めて)』라는 팸플릿
을 간행했다. 또한 1981년에는 당시 교토 세이카 단기대학에서 시

　15　鶴見俊輔(1971)「大沢真一郎の横顔」『読者と著者』11호, 社会評論社, p.1.
　16　京都精華大学社会科学研究会 팸플릿(2007.)『精華の自由自治とは何だったのか 大
　　　沢真一郎講演録』
　17　飯沼二郎편(1984-1985)『在日朝鮮人を語る』(전3권), 麦秋社.

간강사 김명관(金明觀)에 대한 민족차별사건이 일어나자 해결을 위해 관여했다. 1997년에는 교토 세이카 대학(1989년에 단기대학이 4년제 대학이 되었다) 인문학부장이 되었다. 2000년에는 여러 매체에 쓴 글을 모은 『유격의 사상』(행로사)을 간행한다. 2003년 교토 세이카 대학 인문학부에서 학과 개편이 시행되어, 그는 직접 학생을 가르칠 수 없게 되었다. 2006년에는 인문학부 인권위원회에 이 문제에 대해 의의를 신청하는 사태가 일어나고 2007년에 정년퇴임, 2013년 폐렴으로 인해 만 76세로 세상을 떠난다. 『아사히 신문』의 사망 기사에는 "1968년에 일어난 '김희로 사건'의 재판에서 지원 운동의 중심이 되었다. 72년부터 74년까지 잡지 『사상의 과학』 편집장을 맡았다."[18]고 약력이 서술되었다.

3. 조선인의 문제가 아니다. 문제는 일본 사회다.
   — 김희로 재판 운동이 물은 것

1) 문화투쟁으로서의 김희로 재판 운동

다음으로 김희로 재판에 관여하면서 오사와가 조선인을 어떻게 인식했는지 살펴보겠다. 우선 김희로 사건이 무엇인지 확인하기 위해 오사와가 쓴 『전후사 사전』 항목을 인용한다.

---

18 『朝日新聞』, 2013년 2월 26일.

"1968년 2월 20일부터 24일, 재일조선인 김희로가 일본국가와 일본인의 민족차별을 고발한 사건. 라이플총으로 폭력단원을 사살한 뒤 남알프스 산맥 기슭의 수마타쿄(寸又峡) 온천의 여관에서 농성했던 김희로의 4일간의 언동은 텔레비전이나 신문을 통해 연일 보도되며 사람들에게 큰 충격을 주었다. 이 사건은 일본인이 평소 아무렇지도 않게 하는 차별이나 멸시가 차별당하는 자에게 얼마나 깊은 분노나 절망을 주는지를 밝힘과 동시에 일본 정부가 그해 축하 행사를 하려던 메이지 100년=일본 근대 100년이 결코 영광스러운 100년이 아니었음을 명백하게 했다. 사건 당시, 金嬉老(긴키로), 金岡安弘(가나오카 야스히로), 権嬉老(곤키로), 近藤安弘(곤도 야스히로), 清水安弘(시미즈 야스히로), 金嬉老(김희로), 権嬉老(권희로)라는 7개 이름을 가지며 어느 것이 진정한 이름인지 알 수 없는 분열된 존재였던 김희로는 재판에 대한 관여나 조선어 학습을 통해 자신을 되찾는 작업을 계속하며 현재 본명인 권희로를 자칭하고 있다."[19]

중요한 것은 오사와를 비롯한 김희로 공판 대책위원회의 사람들이 '재판'으로는 김희로를 단죄할 수 없다고 인식했다는 점이다. 재판은 '범죄'를 처벌할 수 있겠지만, 범죄를 만든 '사회'를 바꿀 수 없다. 한편 검찰은 어디까지나 김희로를 '치안방해'의 인물로 그렸다. '치안방해'라는 국가의 관점에는 무엇을 위해 김희로가 라

---

19 『戦後史大事典』, 三省堂, 1991. 김희로는 1999년 9월 갑자기 석방되어 그 직후 한국에 출국했다.

이플총을 잡았는지, 왜 이 범죄가 일어났는지를 물어보려는 시도
조차 없는 것이다. 저널리스트 혼다 야스하루(本田靖春)는 다음과 같
이 이 사건을 규정한 바 있다.

> "김희로 사건의 중대함은 권력과 미디어가 호응하며 재일조선인
> 이 목숨을 건 호소를 묻어버리고 차별과 억압의 구조를 최악의 형태
> 로 온존(溫存)하는 데 성공했다는 점에 있다."[20]

　경찰과 검찰, 그리고 미디어가 만드는 '연속살인마'라는 이미지
를 부숴야 하는 공판 대책위원회는 김희로의 모든 행위의 원인과
의미를 밝히는 일을 통해 "재일조선인 김희로를 차별, 억압, 멸시
해온 일본국가, 일본 사회, 일본인 총체의 책임을 추구하는 것을 과
제로 삼았다."[21] 따라서 공판 대책위원회가 해야 하는 것은 법정에
서의 법적 투쟁 뿐만 아니라 법정 밖, 즉 일본 사회의 일상에서 차
별이 넘치는 문화를 바꾸는 것이다. 공판대책위는 이 사건을 단순
한 형사사건으로 처리하려는 검찰의 논리를 '단편화'라고 부르고
이에 대항하기 위해 '전체성'이라는 말을 사용하며 민족문제를 제
시했다.[22] 그러한 의미에서 재판 투쟁을 '문화투쟁'으로 재정의하
는 "우리 활동은 특히 문화투쟁이고자 합니다."[23]라는 말이 중요하

20　本田靖春(2012)『私戦』, 河出文庫, p.377.
21　大沢真一郎(1971)「寸又峡で朝鮮人への民族差別を告発した金嬉老の場合」『遊撃』,
　　p.168.
22　山本興正, 앞의 논문, p.143.
23　大沢真一郎(1971)「寸又峡で朝鮮人への民族差別を告発した金嬉老の場合」『遊撃』,

다. 재판에 관여하며 사회에 대한 물음을 던짐으로써 김희로를 형사사건의 피고라는 입장에서 되도록 멀어지게 하려는 것이었다. 김희로 사건은 일본 사회가 그에게 가해온 혐오 발화, 혐오범죄에 대한 하나의 대답이었기 때문에 일본 사회는 이에 대해 사회적 문화적인 변혁을 통해 답해야만 하는 것이다. 이를 스즈키 미치히코의 표현으로 바꿔 말하면 다음과 같다.

"우리가 지향하는 바는 단순한 형사사건 피고로서의 김희로를 방위하는 게 아니라 그의 주장을 살리면서, 법정을 통해 재일조선인이 안고 있는 문제와 일본인의 책임을 명확하게 하는 것이었다. 아마 사법은 이를 순수한 형사사건으로서만 처리하겠으나 그것으로는 김희로가 목숨을 걸고 호소한 것이 무의미해져 사라지고 만다. 게다가 '재일'의 문제는 지금까지 거의 논의된 바가 없어, 자기 손으로 다듬어 가야 하는 점이 많았다. 이러한 문제와 가장 어울리기 어려운 재판의 자리에서 이를 명백하게 하기 위해서는 당사자인 재일조선인이나 전문가를 특별변호인으로서 변호단에 더하는 것이 필요했다."[24]

오사와가 주목한 것은 김희로를 바라보는 일본 민중의 두 시선이다. 하나는 경찰과 같은 시선을 가진 일본인이다. 즉 일본인의 자경단화이다.[25] 농성 현장이 된 동네인 수마타쿄의 사람들이나, '인

---

p.174.

24 鈴木道彦, 『越境の時』, p.9.

25 '자경단'이라는 용어에서는 1923년에 일어난 관동대지진 때의 조선인 학살을 읽어내야 할 것이다.

질'들이 김희로를 죽일 가능성도 있었다. 그러나 현장인 여관에 있던 사람들은 김희로를 죽이지 않았다. 여관 주인이 김희로가 자신을 '인질'로 잡았다고 법정에서 증언한 것과 달리 숙박객들은 자신을 '인질'로 느끼지 않았다. 이것이 일본 민중이 김희로를 바라보는 또 하나의 시선이다. 오사와는 숙박객이 주변 공사 때문에 머물던 기술자들이었다는 점을 강조해 '부락 공동체에서 떨어져 있는 공사 현장을 오가는 유동적 노동자였다는 점이 지역사회에 고착하지 않는 자유스러움과 가벼움을 가질 수 있던 근거'[26]라고 지적한다.

'인질'이었는가의 여부는 '감금죄'를 성립시키기 위해 검찰이 거듭 확실한 증언을 요구한 부분이다. 법정에서 여관 주인이 '인질'이었다고 말한 것은 단순한 거짓말이라기보다 '조선인이 무섭다'는 일본 사회 안에 있는 차별적 이미지와 얽힌 것이다.[27] 1심 판결이 났을 때, 당시의 기억을 반추하며 '무서웠습니다'라고 말하는 여관 주인 부부의 모습을 보고 김시종은 경찰의 비위를 맞춰주는 '선량한 민중의식'이라고 표현했다.[28] 그것은 어떤 사태가 일어났을 때 자경단을 만들어 조선인을 죽이는 일본인의 심성이다. 그렇게 되지 않기 위해서는 적어도 자경단적 심성과 단절하려는 '문화투쟁'을 통해야만 하는 것이다.[29]

26 大沢真一郎(1971)「金嬉老裁判のなかの民衆意識」『後方』, p.163.
27 大沢真一郎(1971)「寸又峽で朝鮮人への民族差別を告発した金嬉老の場合」『遊撃』, p.173.
28 金時鐘(2001)『「在日」のはざまで』, 平凡社, p.77.
29 앞서 논의한 '현대 어학숙'의 실천은 그러한 문화투쟁의 한 활동으로 바라볼 수도 있을 것이다.

2) 운동과 조선인의 '거리'

오사와를 비롯한 공판위 사람들이 김희로와 관여하는 과정에서 문제가 된 것 가운데 주목할 만한 것은 두 가지이다. 첫째는 '늦음'이다. 무엇보다 사건이 일어난 '후'에 운동을 시작했다는 일본인의 자세 문제를 재판에 관여하면서 깨달은 것이다.[30] 이 사건이 일어나지 않았다면 재일조선인에게 관심이 향하지 않았을 것이라는 일본인의 의식=무의식을 오사와 또한 가지고 있었음을 실감한 것이다.[31] 김희로 또한 사건 당시 자살하지 말고 살아달라고 자신을 찾아온 '문화인 그룹'에게 "당신들이 오는 게 너무 늦었습니다."라고 말했다.[32] 결국 '문화인 그룹'의 많은 이들은 사라지고 공판위를 결성한 이들은 이 '늦음'을 자기 삶의 물음으로까지 밀고 나간 것이다.

둘째는 1970년 4월에 폭로된 '흉기 차입 사건'이다. 이는 김희로가 재판 중 수감된 시즈오카 형무소에서 여러 '우대' 조치를 받았으나, 동시에 칼이나 독약으로 보이는 가루 등이 '차입'되던 것이 폭로된 사건이다. 이는 형무소에서 있을 수 없는 일이며 바로 김희로의 '자살'이나 '사망' 등 어떠한 '사고'가 일어날 수 있다는 것이다. 공판 대책위원회는 68년 6월에 시작한 재판을 통해 김희로가 사건을 일으키게 된 계기를, 즉 일본 사회의 민족차별을 밝히는 재

---

30 大沢真一郎(1971)「入管法を認めない連帯関係を作るために」『遊撃』, p.179.

31 大沢真一郎(1971)「日本のなかの第三世界」『後方』, p.124.

32 本田靖春, 『私戦』. p.351.

판 투쟁을 벌이면서 김희로와 유대를 만들려고 했다. 형무소 쪽은 공판위와 변호단과 김희로의 관계를 끊으려 김희로를 회유하기 위해 그에게 넓은 독방을 주고, 방 안에서 라디오, 담배, 누드 사진을 보유할 수 있게 하는 등 여러 가지 '우대' 조치를 해주었다. 김희로는 이러한 '우대' 때문에 투쟁하려는 마음이 약해졌다고 한다.[33] 이는 공판위보다 간수들이 김희로와 가까운 관계를 맺었다는 의미이다. 공판위는 어디까지나 68년 이후에 김희로와 만난 사이였으며 '전후'의 대부분을 형무소에서 지낸 김희로에게는 간수들이 훨씬 가까웠던 존재이다. "소학교를 5학년으로 중퇴해야만 했던 이 재일 조선인에게 일본 사회가 유일하게 준 공부의 장이 형무소였다."[34] 이렇게 형무소는 김희로와의 관계를 이용해서 외부 지원자와의 관계를 단절하고자 도모했다. 감옥 안에 있는 사람을 돕고, 살아갈 힘을 주는 것이 감옥 밖에 있는 사람의 역할일 텐데 그것이 제대로 기능하지 못하는 상황이 발각된 것이다. 그것은 공판대책위와 변호인단의 '주체적 조건'을 강화하기 위해 물어야 하는 과제인 것이다.[35] 오사와는 이 사건을 계기로 반성한 점을 다음과 같이 말한다.

"우리는 대체로 '흉기 차입 사건'이 일어나기 전에는 김희로 씨의 말을 그대로 다 듣는 형식이었습니다. 그의 말에 대해 무언가 말하는 일은 거의 없었습니다. 그러니까 그것은 그런 관계밖에 만들 수 없었

---

33 大沢真一郎(1971) 「ハラキッタチョウサタノム」キムヒロ」『後方』, p.168.
34 本田靖春, 『私戦』. p.62.
35 大沢真一郎(1970) 「いま、われわれの運動をどうすすめるか」『金嬉老公判対策委員会ニュース』18호, p.14.

다는 것이겠지요. 이 부분을 어떻게 넘어갈 것인지는 매우 어렵고 지금도 여전히 어렵습니다."[36]

1975년 11월, 김희로의 형이 최고재판소에서 확정되어 76년에 공판위는 해산했다. 그 후로도 오사와는 31년 동안 형무소에서 지낸 김희로가 1999년에 가석방되어 한국으로 출국할 때까지 계속 면회를 다녔다. 김희로가 한국으로 출국할 때『조선일보』는 오사와와의 인터뷰 기사를 실었다.[37]

그 사이에도 오사와는 간사이 지방에서 이규정(李圭正)의 강제퇴거 저지 운동에 관여했다. 이규정은 살인죄로 징역 8년의 형기를 마치고 출소했다. 그러나 그를 기다리던 것은 강제퇴거 처분이었다. 그는 출소 당시 반신불수 상태였으며 출입국당국은 임시 방면(仮放免) 처분을 내려 매우 한정적이나마 치료를 위해 일본에 머물 수 있었다. 오사와는 이규정의 신원보증인을 서고 그와 사귀면서 '특별 재류허가'를 내주도록 상신서를 쓰기도 했다. 일본에서 오래 살아 남한에도 북한에도 생활의 기반이 없는 재일조선인을 추방하는 것은 생활권, 생존권을 빼앗는 행위와 다름이 아니라는 것이다.[38]

1974년, 문세광이 박정희를 죽이려다 육영수를 죽인 사건 이후 한국에서 '반일 시위'가 일어났다. 이에 대해 당시 일본 공산당 위

---

36 大沢真一郎(1992)「金嬉老公判対策委員会の八年が生み出したもの―日本社会と在日朝鮮人」『遊撃』, p.53.

37 『조선일보』, 1999년 9월 6일.

38 大沢真一郎(1981)「<強制退去>か<特別在留>か―在日朝鮮人李圭正への特別在留許可を求める上申書」, 『朝鮮研究』, 214호, 日本朝鮮研究所.

원장이던 미야모토 겐지(宮本顯治)는 김대중 납치사건이나 일본인 기
자가 한국에서 국가보안법에 걸려 구속된 사태 등을 거론하고 박
정희 정부는 일본에 사과하라고 요구했다. 오사와는 미야모토의
논의를 비판하며, '박 정권이 일본에 사과해야 한다'라는 주장은
일본이라는 국가를 마치 덩어리처럼 긍정하는 말이며, 일본 '혁신'
세력의 인간이 그러한 인식에 머물러서는 안 된다고 주장한다.

> "나는 일본 공산당을 딱히 비난하고 싶어서 말하는 게 아닙니다.
> 이는 박 정권이 반일 시위를 조직하기 위해 한국 대중의 의식에 기댔
> 던 것처럼, 일본의 대중 의식에 기댄 것으로 생각합니다. 이것은 일본
> 대중 의식의 존재 방식을 어떤 형태로 보여주고 있다고 생각합니다.
> [중략] 우리 일본 민중의 일상에 깊이 정착한 조선에 대한 인식을 도
> 려내면서, 그것을 부정하려는 일상을 매개로 해야, 비로소 우리는 한
> 국의 민중과 진정으로 연대해 나갈 수 있는 길을 찾을 수 있다고 생각
> 합니다."[39]

이는 일본 대중 의식의 깊은 곳에 있는 조선인 차별을 도려내어
그것과 결별하는 문화투쟁을 통하지 않은 채 한국 정부를 비판하
는 것으로는 역사적으로 형성된 일본의 조선 수탈과 차별을 비판
할 수 없다는 말이기도 하다.

오사와의 조선인에 대한 시각은 국가가 아니라 인간 생활에 기

39　大沢真一郎(1975)「日本民衆にとって金嬉老問題とは何か」『遊撃』, p.207.

반을 두었다. 그리고 조선인 차별을 안고 있는 일본 사회와 문화가 달라짐으로써 조선인 또한 살아갈 수 있는 사회를 만들고자 했다. '조선 문제'를 조선인의 문제로 바라보지 않고, 일본 사회의 문제로 바라본 것이다. 그것은 결코 한일관계를 좋게 만들자거나 하는 표면적인 논의가 아니며 바로 삶의 현장, 즉 문화투쟁이어야 한다는 논의였다.

4. 전후 민주주의 비판의 방법

오사와는 활동가, 조직가로서 많은 르포 형식의 글을 썼을 뿐만 아니라 전후 사회운동을 성찰하는 글 또한 썼다. 4장에서는 우선 그의 서클론을 논의한다. 다음으로 조직론, 베트남 반전 운동론을 통해 전후 민주주의를 어떤 시각에서 비판했는지 살펴보겠다.

1장에서 쓰루미 슌스케의 말을 인용했던 것처럼 오사와는 일본의 서클 운동 연구의 선구적 논문집인『공동연구 집단』을 사무적인 측면에서 도왔을 뿐만 아니라 집필자 중 한 사람이었다. 그가 일본 서클 운동을 정리한 논문인 「서클의 전후사」는 서클의 역사적 변천을 서술하면서 패전 후 처음으로 등장한 집단적 움직임으로 탄광의 조선인 노동자와 중국인 포로에게 주목했다.

"패전 후 바로 일어선 자는 홋카이도, 죠반(常磐) 등의 탄광 지대에서의 조선인 노동자와 중국인 포로들이었다. 그것은 전쟁 중에 일본

국가, 일본인에 따른 살인적 강제노동 가운데 서로 도우면서 간신히 살아남은 그들의 인간으로서의 외침이며, 또한 일본의 노동자들에 대해 조직적 결집을 최초로 호소하는 것이었다."[40]

일본 서클 운동사를 서술할 때 노동조합보다 먼저 조선인 노동자나 중국인 포로의 살기 위한 집단성이 있었다는 것은 중요한 시각이다. 오사와가 이러한 시각에 도달할 수 있었던 것은 김희로 재판을 비롯한 일본 사회의 민족차별 문제와의 만남이 있었기 때문이다.

그리고 70년 전후의 운동에서 경찰이 일본 민중에게 사회운동에 대한 공포를 자극하며 민중을 자경단화시키려는 움직임을 보이던 것을 강하게 비판한다. 김희로 사건 때도 경찰과 미디어는 김희로를 악마화해 일본 사회의 자경단적 심성을 자극했다. 이는 김희로라는 개인을 문제화함으로써 범죄로까지 나아가게 만든 일본 사회의 민족차별을 문제시하는 시각을 막는 것이었다. 그리고 일본 사회의 자경단의식은 단지 국가와 경찰만이 만든 것이 아니다. 오사와는 사회운동에서도 그 가능성을 찾았으며 다음 사례를 소개한다. 그는 어떤 집회에서 바리케이드를 만드는 데 사용한 목재가 주변 목수들의 '생산재'였다는 고발을 신문에서 읽었다. 신문을 읽은 오사와는 집회를 주최한 책임자를 찾아가 주민에 대한 사과의 필요성을 이야기했다. 책임자는 집회를 주최한 운동조직에 전하고

---

40 大沢真一郎(1976)「サークルの戦後史」『遊撃』, pp.265-266.

문제해결을 위해 적극적으로 나서겠다고 답했다. 그러나 그 운동 조직은 주민에게 사과는커녕 대화조차 하지 않았다. 운동단체의 움직임에 대한 오사와의 비판은 다음과 같다.

"지금 주민 앞에 나서면 경찰에 잡힐지도 모르기 때문에 방위상 [주민 앞에 나서는 것은-인용자] 어렵다거나, 오키나와 투쟁, 입국 관리법안 투쟁을 끝까지 싸워나가는 것으로 주민의 비판에 답하겠다는 말만 하고, 주민의 비판을 받아들이고 그것을 주민과의 교류의 기회로 만들 계기를 스스로 끊어버린 것이다. 과연 주민을 자경단으로 조직하여 운동과 적대시시키려는 경찰의 움직임도 있었을 것이다. 그러므로 운동에 참여하는 민중과 지역에서 생활하는 민중 사이에, 권력이 매개하지 않는 민중 차원의 문제해결과 자주적인 상호교류가 필요한 것이다. 운동 측은 본인은 이렇게 대단한 행동을 하므로 주민에게 어느 정도 피해를 주더라도 어쩔 수 없다거나, 주민은 그 정도의 피해를 받아들여야 한다고 오만했던 게 아닌가. 도대체 그들이 말하는 혁명이란 무엇인가. 한 젊은 목수의 비판에 어떻게 답변했는가 하는 점에서 운동의 사상은 시험당한 것이다."[41]

이렇듯 위에서가 아니라 뿌리에서 운동을 사고해야 한다는 주장은 일관한다. 민중의 운동 공포가 조성되는 상황이기 때문에 더욱더 운동은 민중을 만나야 한다. 그의 운동관에는 조직에서 벗어나

---

41 大沢真一郎(1973)「戦後民衆論ノート」『遊撃』, pp.239-249.

자유연합을 만든다는 것이 있다. 수직적 연결이 아니라 수평적 연결이 필요하며, 거기에서 새로운 결합의 에너지를 만들어야 한다는 것이다.[42] 따라서 (다니가와 간의 영향을 받았기 때문에 당연하겠으나) 그에게 '전위'라는 사고방식은 없다. 또한 일본 사회운동을 이끈 거대조직에 대한 실망도 선명하게 쓰고 있다. 그는 1969년에 쓴 글에서 사회당, 공산당, 총평(일본노동조합 총평의회) 등이 '양'의 확대를 목표로 하면서 새로운 '질'을 만들어내지 못했다고 지적한다. 그리고 그와 반대로 1960년 이후에 등장한 작은 집단들이 운동의 내용에서도 형태에서도 매우 풍부한 새로운 '질'을 만들어냈다고 평가한다. 큰 조직은 관료제 때문에 각 조직원이 가지는 창조력이나 자발성을 집단적 창조력으로까지 육성할 수 없다는 것이다.[43] 어떤 조직의 권력에도 기대지 않고, 그러한 구도에서 벗어나려는 것은 김희로 재판에서 증인에 서던 오사와의 다음과 같은 모습에서도 확인할 수 있다.

> "증인[오사와 – 인용자]은, '제 이름을 물어보셨는데 판사의 이름을 말씀해주세요. 일본에서는 보통 그것이 예의가 아닐까 싶은데, 재판에서는 왜 그러한 일이 행해지지 않습니까?'라고 말하며, 선서 때는 선서서의 본문을 모두 말소하고 그 대신에 '저는 거짓말을 하지 않습니다'라고만 쓰고 그것을 낭독하고 선서했다."[44]

---

42 大沢真一郎(1971)「現代における組織変革の視点」『後方』, p.26.
43 大沢真一郎(1969)「大衆運動の新しい質」『後方』, pp.283-284.
44 大沢真一郎(1972)「金嬉老裁判で証言したこと」『遊撃』, p.187.

다음으로 베트남 반전운동에서 오사와가 어떻게 발언했는지를 살펴보겠다. 우선 그는 베트남 문제의 핵심은 '전쟁 혹은 평화'가 아니라 '혁명 혹은 반혁명'이라고 주장한다. 일본과 베트남을 분리해서 남의 일처럼 '평화'를 주장하는 것이 아니라 베트남 인민에 대한 가해자인 일본의 권력자에 대한 직접적이자 구체적인 운동이 필요하다고 주장했다.[45] 이러한 관점을 가진 그가 높이 평가한 운동이 교토에서 활동하던 '9.1 위원회'였다. 9.1 위원회는 한국군의 탈주병인 김동희가 일본에 망명 신청한 문제에 대응하기 위해 교토에서 만들어진 그룹이다. 참고로 9.1 위원회라는 이름의 유래는 관동대지진의 날짜인 9월 1일에서 따온 것이며 조선 문제를 근본으로부터 생각하자는 의미이다.[46] 9.1 위원회는 김동희의 망명 신청을 받아들이자는 다수의 인도주의적 주장을 비판하며, 일본과 한국의 역사적 문제를 일본인 스스로가 자신의 과제로 묻는 일을 빼고서는 이 문제는 절대 해결되지 않는다고 주장했다.[47] 오사와는 9.1 위원회의 이 지적을 접하면서 비소로 이 문제설정 자체를 깨달았다고 말한다.[48] 그러나 오사와는 이를 진지하게 생각해야겠다고 머리로만 생각했고 구체적인 실천을 하지 않았는데 그 상황에서 맞부닥친 것이 김희로 사건이었다.

이렇게 베트남 반전운동 또한 먼 곳의 문제가 아니며, 일본인 또한 가담하고 있다는 인식에서 논의가 구성된다. 전쟁에 휘말리고

---

45 大沢真一郎(1965)「露骨に全面的に抗議を」『遊撃』, pp.408-411.
46 大沢真一郎(1971)「入管法を認めない連帯関係を作るために」『遊撃』, p.180.
47 大沢真一郎(1971)「日本のなかの第三世界」『後方』, p.123.
48 大沢真一郎(1971)「入管法を認めない連帯関係を作るために」『遊撃』, p.181.

싶지 않다는 '평화' 의식에서의 반전운동밖에 할 수 없다면, 그것은 전후 민주주의의 결함이다. 전후 일본의 출발에서 조선에 대한 식민지 지배를 반성하지 못했기 때문이며, 전후 민주주의의 결함에서 생기는 가담의식 없는 '평화' 투쟁은 한국전쟁 때에도 나타났고 한일조약 때에도 나타났다고 비판한다.[49]

오사와는 1966년에 발표한 글에서 자신들보다 아래 세대의 전후 민주주의에 대한 반감의식과 이에 의한 '전후 민주주의의 위기론'을 다음과 같이 해석한다. 전후 민주주의를 옹호하기는 어렵지만 그렇다고 해서 '허구'라고 말할 수 없다. 66년 무렵 전후 민주주의 세대 중에도 오에 겐자부로와 같이 헌법개정론을 자신에 대한 인신공격과 같은 위협으로 받아들이는 이가 있는가 하면, 한편으로는 이시하라 신타로(石原慎太郎)처럼 민주주의에 대해 공연하게 불신을 던지는 이도 나타나기 시작했다. 그러한 상황에서 현재 전후 민주주의를 부정하려는 이들이 말하는 전후 민주주의는 전후 민주주의가 아니라 '전후 민주주의가 만든 모순들'이 아닌지 다음과 같이 지적한다.

> "우리 실감 속에서는 현재 숨이 막히고 어떻게도 할 수 없는 폐쇄된 상황이 '전후 민주주의' 때문이며, 따라서 그러한 상황을 만들어 낸 원인인 '전후 민주주의' 그 자체가 우리의 질곡이라고 느껴지는 것이다. 그때 '전후 민주주의'는 우리를 구속하고 억압하는 하나의 질서로 받아들여지는 것이다. 그 질곡을 부정하고 넘어가기 위해서는

---

49 「戦後民主主義と青年労働者」, 『月刊労働問題』, 137호, 1969년 9월, p.43. 좌담에서의 오사와의 발언.

'전후 민주주의' 그 자체를 부정하여 넘어서야 한다고 '전후 세대'는
감지한다. 그러나 여기에서 감지되고 있는 '전후 민주주의'란 실은 이
른바 '전후 세대'의 **실존** 속에서 직감된 **전후**의 **모순의 총체**이다.
'전후 세대'의 분출하는 에너지의 근저에는 이러한 **실존적 감각과 충
동**이 총체적인 부정성으로 항상 작동하고 있다."[50] (강조는 원문)

전후 민주주의는 그대로 긍정할 수 없다. 그러나 그렇다고 해서 그
이름으로 구체적으로 실천된 것을 통해 오사와나 오에 겐자부로 세대
는 민주주의를 몸으로 배웠다. 그것은 천황의 문제, 식민지의 문제를
피한 민주주의였으며 더 근본적인 민주주의를 실현하려는 새로운 세
대에게 도전받아야 한다. 전후 민주주의를 단순히 부정하는 것보다
더 강력히 비판해야 한다. 이에 대한 오사와의 비판의식이 한편으로
는 김희로 재판을 비롯한 조선인에 대한 일본 사회에서의 차별의식을
비판하는 작업으로 이어졌다. 다른 한편으로 그것은 1972년부터의
교토 세이카 대학교에서의 교육 실천으로 이어지는데, 오사와의 후반
생이라 할 수 있는 교토에서의 활동은 추후의 과제로 남기고자 한다.

5. 맺음말

김시종은 오사와 신이치로의『후방의 사상』에서 다음 구절을 인

---

50 大沢真一郎(1966)「戦後世代と戦後民主主義―<戦後民主主義>論ノート」『遊撃』,
    p.465.

용하면서 일본 전후 민주주의 지식인의 한계를 비판한 바 있다.

> "전후 민주주의의 뒤편에 존재하는, 완전히 자신들과 동세대인 재
> 일조선인의 상황, 또한 (피차별‒인용자) 부락민이라 불리는 사람들의
> 상황을 남과의 경쟁을 뚫고 대학을 마치기까지는 거의 알아채지 못했
> 거나, 또한 그것을 알려주는 교사를 만날 수 없었거나, 둘 중 하나로
> 학업을 마친 세대"[51]

오사와는 전후 민주주의를 만끽하면서 조선을 알지 못하는 삶을 살았다. 김시종은 그러한 오사와를 비판했으나 본고가 논의했듯이 오사와가 걸어온 자기 비판적 실천은 김시종의 비판에 응하는 과정이었다고 해도 좋을 것이다. 김시종 집성시집인 『원야의 시』에 실린 김시종 연보에 따르면 김시종은 오사와가 72년부터 일하게 된 교토 세이카 대학에서 1979년 7월, 1982년 12월 두 번에 걸쳐 강연했다.

본고는 그러한 교토 세이카 대학에서 교육자로서의 오사와의 반생을 잘 부각하지는 못했다는 결함을 안고 있다. 그러나 오사와가 김희로 재판을 통해 '문화'를 물었다는 것, 그리고 '재일조선인 문제'라고 불리지만 실은 '일본 문제'라고 계속 논의해왔다는 것은 지금도 여전히 우리가 배워야 할 사상일 것이다.

51 　金時鐘(1974)「「差別」の中の起点と視点」『「在日」のはざまで』, p.365.

| 참고문헌 |

『朝日新聞』,『조선일보』
『戦後史大事典』, 三省堂, 1991.
가게모토 쓰요시(2012)「고바야시 마사루의 삶에서 두 번의 휘말림」,『휘말림의
　　　　정치학(부크진R-4)』, 그린비.
京都精華大学社会科学研究会 팸플릿(2007),『精華の自由自治とは何だったのか 大
　　　　沢真一郎講演録』.
金時鐘(2001)『「在日」のはざまで』, 平凡社.
大沢真一郎 외(1969)「戦後民主主義と青年労働者」,『月刊労働問題』, 137호.
＿＿＿＿＿(1970)「いま、われわれの運動をどうすすめるか」『金嬉老公判対策委員
　　　　会ニュース』18호.
＿＿＿＿＿(1971)『後方の思想 あるいは長征への出発』, 社会評論社.
＿＿＿＿＿(1981)「<強制退去>か<特別在留>か―在日朝鮮人李圭正への特別在留
　　　　許可を求める上申書」『朝鮮研究』214호, 日本朝鮮研究所.
＿＿＿＿＿(2000)『遊撃の思想 長征の途上にて』, 行路社.
鈴木道彦(2007)『越境の時』, 集英社.
飯沼二郎편(1984-1985)『在日朝鮮人を語る』(전3권), 麦秋社.
本田靖春(2012)『私戦』, 河出文庫.
山本興正(2016)「金嬉老公判対策委員会における民族的責任の思想の生成と葛藤:
　　　　梶村秀樹の思想的関与を中心に」,『在日朝鮮人史研究』, 46호.
新崎盛暉(2017)『私の沖縄現代史　米軍支配時代を日本で生きて』, 岩波書店.
鶴見俊輔(1971)「大沢真一郎の横顔」,『読者と著者』11호, 社会評論社.
＿＿＿＿(2007)「集団が動きはじめる時」,『現代思想』, 2007년 12월 임시증간호.

Robert Paul Wolff, Barrington Moore Jr., Herbert Marcuse, "A Critique of Pure
　　　　Tolerance", Beacon Press, Boston, 1965. 大沢真一郎 역,『純粋寛容批判』,
　　　　せりか書房, 1968.

원고 초출

제1장 일본 고전에서 보이는 차별　　　　　　　　　　고미네 가즈아키
『금석이야기집(今昔物語集)』이라는 창문을 통해

제1회 국제학술심포지엄(2021년 5월 29일)
발표 제목: 「일본고전에 보이는 차별-『금석이야기집』의 창을 통해-」

제2장 「테루마·가쿠세이」 소고　　　　　　　　　　　　스즈키 아키라
분로쿠(文禄)·게이초(慶長) 전란 포로를 구분했던 어휘에 대해서

2019년 11월 30일 제1회 콜로키엄
발표 제목: 「전쟁 피로인 '위선'의 발자취와 주변 환경-17세기 사쓰
마번에서 전개된 인간과 지식의 교류-」

제3장 일본 근세시대 재해 문예와 재해 피해자　　　　　　김미진
『무사시아부미(むさしあぶみ)』를 중심으로

「일본 근세시대 재해 문예와 재해 피해자-『무사시아부미(むさしあぶ
み)』를 중심으로-」, 『일본어문학』 제97호, 일본어문학회, 2022년 5월

제4장 일본의 「덤불 속」　　　　　　　　　　　　　　이시하라 마이
선주민 페미니즘의 발아와 일본 식민지주의 그리고 그 망각

제1회 국제학술심포지엄(2021년 5월 29일)
발표 제목: 「누가 서벌턴의 목소리를 빼앗는가-사일런트 아이누/아
이누를 둘러싼 지배구조 변화와 그 내면화-」

제5장 기하라 고이치(木原孝一) 시에 나타난 <집단 죽음(集団死)> 연구 서재곤
서발턴적 관점을 중심으로

「기하라 고이치(木原孝一) 시에 나타난 <집단 죽음(集団死)> 연구-
서발턴적 관점을 중심으로-」, 『일본어문학』 제93호, 일본어문학회,
2021년 5월

제6장 일본 프롤레타리아 시의 서벌턴 연구　　　　　　　　　　박상도
「살아있는 총가」「간도빨치산의 노래」를 중심으로

「마키무라 코(槇村浩) 시에 나타난 <하위주체> 연구」, 『일본연구』 91호,
한국외국어대학교 일본연구소, 2022년 3월

제7장 조선인과 대면한 전후 민주주의 지식인　　　　　　가게모토 쓰요시
오사와 신이치로(大澤真一郎)의 삶과 사상

제2회 국제학술심포지엄(2022년 2월 26일)
발표 제목:「조선인과 대면한 전후 민주주의 지식인-오사와 신이치
로(大澤真一郎)의 삶과 사상-」

222

저자약력

고미네 가즈아키(小峰和明)

릿쿄대학(立教大学) 문학부 명예교수. 일본 중세문학 및 동아시아 비교설화 전공.『今昔物語集の形成と構造』(笠間書院, 1985),『説話の森』(岩波現代文庫, 1991),『中世説話の世界を読む』(岩波書店, 1998),『遣唐使と外交神話―『吉備大臣入唐絵巻』を読む』(集英社新書, 2018)『東アジアに共有される文学世界』(東アジア文化講座 第3巻, 文学通信, 2021)(편저) 등 다수의 저서와 편저서가 있다.

스즈키 아키라(鈴木彰)

릿쿄대학(立教大学) 문학부 교수. 일본 중세문학, 군키모노가타리, 설화문학 전공. 주요 저서로는『平家物語の展開と中世社会』(汲古書院, 2006),『いくさと物語の中世』(汲古書院, 2015)(공저),『アジア遊学190 島津重豪と薩摩の学問・文化―近世後期博物大名の視野と実践―』(勉誠出版, 2015) (공편저) 등이 있다.

김 미 진

울산대학교 일본어·일본학과 조교수. 저서로『柳亭種彦の合巻の世界』(若草書房, 2017)가 있고, 주요 논문으로 류테이 다네히코 고칸의 삽화 속 공간 표현과 시간 표현―『니세무라사키 이나카겐지』와『쇼혼지타테』를 중심으로―」(『일본연구』76, 한국외국어대학교 일본연구소, 2018. 6) 등이 있다.

이시하라 마이(石原真衣)

홋카이도대학(北海道大學) 아이누·선주민 연구 센터 준교수. 〈침묵〉이나 투명 인간을 키워드로 연구를 하고 있다. 저서에『〈沈黙〉の自伝的民族誌(オートエスノグラフィー)：サイレント・アイヌの痛みと救済の物語』(北海道大学出版会 2020)(大平正芳記念賞受賞),『アイヌからみた北海道 150年』(北海道大学出版会 2021)(편저) 등이 있다.

서 재 곤

한국외국어대학교 통번역대학 일본어통번역학과 교수. 일본 근·현대시를 전공했으며 전전, 전시, 전후의 시문학과 시단을 중심으로 한 순수 문학 연구에서 근대 이후 일본 사회와 문화로 연구의 폭을 넓혀가고 있다. 「기하라 고이치

(木原孝一) 시에 나타난 <집단 죽음(集団死)> 연구 – 서발턴적 관점을 중심으로 – 」(『일본어문학』, 2021.5) 등 다수의 연구논문과『일본의 전쟁영웅 내러티브 연구』(단국대학교출판부, 2013),『일본 근현대문학 입문』(제이앤씨, 2015) 등 다수의 저·역서가 있다.

박 상 도

서울여자대학교 인문대학 일어일문학과 교수. 일본의 근현대시와 기독교수용 및 문화풍토에 대한 관심을 갖고 있다. 주요 논문으로「마키무라 코(槇村浩) 시에 나타난 <하위주체> 연구」(『일본연구』, 2022.3),「나카하라 츄야 문학의 종교성」(『日本思想』, 2022.6) 등이 있으며, 공저『일본근현대문학과 전쟁』(2016),『일본문학 속의 기독교 11』(2019), 공역『금엽와카집, 사화와카집』(2019),『습유와카집』(2018) 등이 있다.

가게모토 쓰요시(影本剛)

리쓰메이칸대학(立命館大學) 강사. 연세대 국문과에서「한국 근대문학과 '민중' 형성 양상 연구」(2020년)로 박사학위를 받았다. 일본어로 옮긴 책에『불온한 것들의 존재론』(이진경 저),『사람, 장소, 환대』(김현경 저)가 있으며 동료들과 함께 한국어로 옮긴 책에『프롤레타리아문학과 그 시대』(구리하라 유키오 저),『잃어버린 시절』(김시종 저) 등이 있다.

이 저서는 2019년 대한민국 교육부와 한국연구재단의 지원을 받아
수행된 연구임.(NRF-2019S1A5C2A02081178)

일본 사회의 서벌턴 연구 4
전쟁·재해·식민지주의와 서벌턴

초 판 인 쇄	2022년 06월 20일
초 판 발 행	2022년 06월 27일

저 자	고미네 가즈아키·스즈키 아키라·김미진 이시하라 마이·서재곤·박상도·가게모토 쓰요시
발 행 인	윤석현
발 행 처	제이앤씨
책 임 편 집	최인노
등 록 번 호	제7-220호

우 편 주 소	서울시 도봉구 우이천로 353 성주빌딩
대 표 전 화	02) 992 / 3253
전 송	02) 991 / 1285
홈 페 이 지	http://jncbms.co.kr
전 자 우 편	jncbook@hanmail.net

ⓒ 고미네 가즈아키 외 2022 Printed in KOREA.

ISBN 979-11-5917-216-8 94300   정가 15,000원
        979-11-5917-211-3 (set)